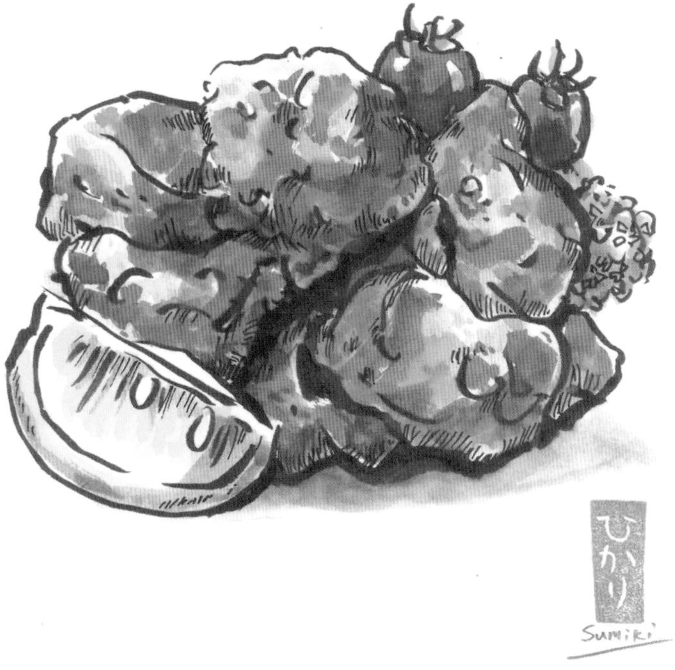

| 日式炸雞 |

昆布芥末

火車便當

| 可樂餅 |

| 味噌 |

｜蛋包飯｜

餃子與味噌

流動的日本味

胡川安 著

目次

第四章 日本味的老靈魂

序｜日本味的變與不變

「餃子」與「味噌」象徵日本味的變與不變。

每個人一想到日本料理，可能都會浮現出幾道菜，像是可樂餅、吉野家的牛丼、日式咖哩飯、拉麵……，這些現在都代表日本料理的一部分，但他們以前都不是日本料理，而是慢慢變成我們現在熟悉的味道。

飲食文化，永遠都在變動中。

二〇二二年疫情剛解封的時候，我十一月底前往長崎進行飲食考察，在長崎的時候，覺得有點熟悉、又有點陌生，當地的名物「角煮饅頭」，看起來就像臺灣的刈包。飲食考察的時候我經常會陷入很深的思考，不僅動嘴巴，腦袋也動了起來。如果一想到問

題，就要動腳再去找答案。

長崎的「角煮」，其中最有名的是岩崎本鋪，用的是高原豚。現煮的餅皮熱呼呼，搭配肉和滷汁。日本人將從中國來的有餅皮包肉的食物統稱為「饅頭」，「角煮饅頭」裡面包的也是三層肉。長崎因為有很多福建人在此做生意，所以將飲食文化傳入。

飲食文化是流動的，因為人群的移動，就會發生改變，日本料理也是流動且不停的變化。

飲食文化也是人與自然之間的對話，日本的國土不大，但國家狹長，南北超過三千公里，加上四面環海。由於國土狹窄，河川與海之間的距離相當短，將山林中的精華注入大海，山與海的交融，形成了豐富的漁業資源，這在世界其他國家也是相當特殊的現象。

加上日本南方的強大洋流黑潮，從南方往北方流動，大量的魚類在日本列島周邊棲息。除此之外，從北方南下的親潮，其中有很多浮游生物，也孕育了很多魚類，靠山吃山、靠海吃海，仰賴著「山之幸、海之幸」，從自然界擷取精華，並且在各地形成不同的飲食風俗。

因為自然孕育萬物，日本飲食文化十分重視飲食與自然的對話，透過生食、醃漬、乾貨、魚醬來保存食物，處理食材的方式重視原來的鮮味與原味。

日本料理複雜多元，就好像我們想到臺灣料理的時候，好像很熟悉，卻又難以說出完整的道理。日本料理的豐富性可以從地理、歷史和文化來思考。

之前我在《和食古早味》書寫的時候，從常見的豬排飯、鐵板燒、握壽司、鰻魚飯，寫到臺灣人比較不熟悉的精進料理和懷石料理。我上山下海，翻找文獻，再從餐廳的飲食經驗當中寫下我對日本飲食文化的觀察。

過了八年之後，我對於日本料理有更深刻的認識。透過故事，我想要在這本《餃子與味噌》當中說說日本料理的變化和多元性，但其中又有熟悉不變的味道。

我在日本料理中發現西方的味道，日本人本來不食用牛肉，後來和牛與牛丼都成為每個人熟悉的菜色。除此之外，蛋包飯、海軍咖哩、可樂餅，這些B級美食也是日本與西方料理文化融合的結果。我也考察了日本法式料理的來源，現在東京的法式料理並不輸巴黎，在日本有一段學習而且本土化的過程。

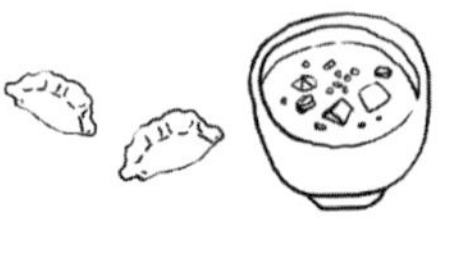

不管在居酒屋或是日本料理店，一坐下來通常就是叫杯啤酒，但日本啤酒的味道和西方的口感和泡沫的細緻度都不同，屬於日本人創造出的味道，我也將啤酒的考察納入來自西方的日本味。

不僅西方的味道，中國的味道也留在日本的飲食記憶中，日本人覺得最美味的食物——河豚，也是從中國而來，但在日本發展出各式各樣的吃法，而且即使食用有生命危險，也在所不惜。日式餃子很像臺灣的鍋貼，但味道不大相同，還有大街小巷的中華料理店，都是國民食物，後面都有各種不同的故事。

我的飲食考察不僅在居酒屋、也在路邊攤、便當，到各地的鄉土料理，甚至深入家庭料理，想要從一個一個的故事當中挖掘日本料理最庶民的部分。從家庭的料理可以看出一般人吃什麼，火車便當、日式炸雞、關東煮，甚至是泡麵，火車上、路邊、尋常百姓家的餐桌，每樣食物都可以展現出日本料理豐富的樣態。

除了多元以外，日本料理最核心的味道，不變的真諦，也就是他們的老靈魂，那是味覺的基礎，一聞到就知道那是日本料理，像昆布、芥末、味醂和味噌，都是其他飲食文化無法品嘗得到，那是日本料理在萬變之中不變的核心，像是母乳一般的味噌、日本料理鮮味關鍵的昆布、吃生魚片一定會吃到的芥末，還有美味基礎的味醂，都是我們能感受到的「日本味」。

日本味會有層次，不僅僅是吃下去的那一瞬間，而是理解了風土、文化、歷史和自然之後，那多層次的豐富感，才驚呼出一聲：「好美味！」的感動。

胡川安　二〇二三年序於京都

第一章

來自西方的日本味

1

靈魂的味道：牛肉鍋與牛丼

牛丼在日本社會更是成為國民美食，還進軍海外，成為大家所熟知的日本料理之一。吉野家的成立很早，見證了文明開化時代。當時吃牛肉鍋的人，將湯汁淋在飯上，牛肉的濃郁香氣配飯，暢快淋漓，飽足感十足。

人來人往的淺草寺，到處都是觀光客。第一次來東京的外國人，一定會在淺草的雷門拍照；即使沒有到過東京的日本人，也都會到淺草寺。

然而，避開熙來攘往的人群，我通常會往淺草寺的後面而去，那裡有不少的老店。從江戶時代末期，或是明治維新以後開的店鋪，能夠感受到不少老東京的氣氛。

「靈魂的澡堂」

走進商店街，一棟二樓數寄屋式的房子，紅色窗櫺增添了點時代的氣氛，超過百年的老店具有濃厚的時代感。

到了米久點了一份牛肉鍋，不到三分鐘的光景

● 米久本店

馬上就送了上來。大盤子中呈放著玫瑰色的霜降牛肉，旁邊的配料有豆腐、茼蒿、蔥。在特殊的鐵鍋中倒入醬油一起烹煮，醬油和牛肉的香氣升起。

兩層樓的空間有將近三百個座位，坐滿時，滿滿的牛肉香氣會讓整間店的熱氣奔騰。吃肉的歡愉感，高村光太郎曾經寫詩加以歌詠：

八月的夜晚，就像是眼前米久的牛肉鍋般，熱氣蒸騰
打開隔間的兩個大房間裡
人人緊貼坐在一起像是一片生物之海
在臭屁與體臭交雜的漩渦中
不論前後左右

● 米久本店

滿是臉與帽子與頭巾與裸體與怒吼與喧囂
啤酒瓶與酒壺與筷子與杯子與豬口杯
沾了鍋的牛肉鍋與粒粒分明的南京米

這是高村光太郎寫的詩〈米久的晚餐〉。出生於明治時代中期的光太郎，正好經歷日本從傳統走向現代的快速變動時代，日本從吃牛肉的禁忌中走出來，全民開始享受牛肉的風味。

米久是明治時代初期就開設的老店，老闆出身日本中部的近江，在淺草這樣庶民的場所提供廉價的牛肉鍋。這是一個轉變的時代，不僅在政治和經濟上，跟大家都有關係的飲食生活也劇烈的改變。

文明開化的牛肉

以前的日本人不吃四隻腳的動物，像是羊肉、牛肉和豬肉。然而，江戶時代也有不少人偷偷地吃。表面上不破戒，進行「藥食」，是為了治病才吃四隻腳的動物。假養生與讓病人恢復體力的名義，享受破戒的肉食。

由於近江附近有一些朝鮮半島來的人，他們長期飼養牛，因此近江牛和大津牛聞名日本。此時吃牛肉主要以貴族和上層階級食用，彥根藩每年會上貢味增醃漬的牛肉，作為將軍的養生用品，獻給將軍和尾張、紀伊、水戶等「御三家」的大名。

一般人無法食用近江牛這樣特別飼養的牛肉，但他們也會偷偷打牙祭，到了江戶中期，出現了不少的「百獸屋」，野豬、兔子、狐狸、猴子和鹿肉都在百獸的行列。雖然大家都知道裡面賣各式各樣的獸肉，但為了不要明目張膽的犯戒，所以很多「百獸屋」門口會寫著「山鯨」。

日本人吃鯨魚，而且鯨魚的肉是紅色的，因此這些在山裡的「百獸」是山裡的鯨魚，而非戒律當中不能食用的動物。菜單上也不能光明正大地寫著山豬肉、鹿肉，或是馬肉，而是用牡丹、紅葉、櫻肉等代稱。

江戶末期食用牛肉還是跟外國人有關，當時東京、橫濱等口岸逐漸有外國人，很多是駐在日本的使節。他們吃牛肉的習俗被有些日本人聽到，開始動起賣牛肉的念頭。然而，當時牛隻取得不易，牛肉太貴，因此日本人取用老外用剩下的牛內臟，放在大鍋中燉煮，以醬油和味噌等日本人習慣的味道加以調味。

不管是「百獸屋」或是江戶後期出現的牛肉料理，日本人都習慣加入自己的味噌和醬油加以調味，讓本來對於肉食有所疑慮的日本人，逐漸熟悉肉食的味道。

然而，明治時代和江戶時代吃牛肉最大的差別在於，江戶時代要偷偷摸摸的吃，但到了明治時代可以公開的享用牛肉，而且還是很潮的風尚，是文明的行為。

明治政府對於吃牛肉相當看重，認為這是「文明開化」的一部分。日本不僅要在船堅砲利等技術上學習西方，西方人吃什麼、喝什麼都跟「文明」有關，要全盤學習。因此政府在明治二年（一八六九）就在築地設立「牛馬公司」，天皇也在御苑中飼養牛隻，鼓吹喝牛奶的好處。

以往被視為「不潔」的牛隻，不管是飼養或是屠宰牛隻的場所，都會被排擠，但新時代的來臨，政府公開宣導，還要公務員下鄉鼓勵。如果出現排拒牛肉的現象，公務員還會被問責。

除此之外，領導言論的知識分子開始鼓吹牛肉的好處。慶應大學的創辦人福澤諭吉接受「牛馬公司」的請託，在報紙上撰寫了一篇名為〈肉食之說〉的文章，認為不吃牛肉之人，是「不知人之天性，不明人體之真理、無學文盲之空論」。日本人的體型瘦小，也是因為不吃牛肉，「今我國民缺乏肉食，誠非養生之法，因而疲弱者亦不在少數」。

曾在報社和政府工作的作家垣魯文（筆名），曾經在《牛店雜談安愚樂鍋》上指出「不吃牛鍋者，乃開化不力的傢伙」。

從牛肉鍋到牛丼

相較於牛肉鍋在明治初期的流行，後來牛丼在日本社會更是成為國民美食，還進軍海外，成為大家所熟知的日本料理之一。現在最主要販賣牛丼的是吉野家和松屋。松屋是在第二次世界大戰之後才開始在學生聚集的江古田商店街開始營業，後來開了上千家的連鎖店。

吉野家的成立更早，見證了文明開化時代，從牛肉鍋轉變到牛丼的過程。牛肉鍋雖然在明治時代逐漸普及，而且有知識分子和公務員大力推銷，但還沒有辦法讓全民都品嘗得到，尤其是工人和廣大的勞動階級，還是覺得牛肉鍋是比較高級的料理。

當時吃牛肉鍋的人，會將湯汁淋在飯上，牛肉的濃郁香氣配飯，暢快淋漓，飽足感十足。商人一看到這樣的吃法就知道會有商機，發明了「牛肉澆飯」，用味噌和醬油熬煮牛肉的湯汁，並且加上蔥花，香氣更是飽滿，從牛肉鍋到澆飯，牛丼的原型逐漸出來了。

接下來就是牛肉配上丼飯了。

我們來看看丼飯的來源。「丼」是日文的漢字，在中文可以讀成井的音，但大家現在都會唸成日文的DON，日文的漢字已經和原來中文沒有關係了。在日文當中指的是深口的大碗，常和「缽」合用，稱為「丼缽」，用大碗承裝著飯，上面擺滿各式各樣的料理。

最早在江戶時代初期盛放的是蕎麥麵，後來到了江戶末期，出現了鰻魚丼。現在我們

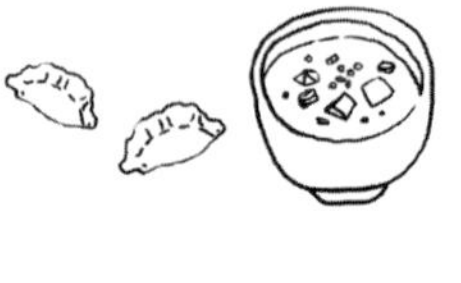

到東京深川地區還有一種深川丼，當時隅田川的漁夫將蛤蠣、海瓜子等貝類，加入蔥、蘿蔔、豆腐，用味噌和醬油煮成湯汁，然後再淋到熱騰騰的白飯上。

由這個過程我們可以看到，牛丼的出現並不是偶然，而是在明治時代，跟隨著當地飲食文化所產生出來的結果。

明治時代晚期，開始出現了「牛飯」。當時一碗咖哩飯要五到七錢，但是牛飯只有一錢，可見有多麼庶民！現在開設店鋪最多的吉野家就是在這個時代創業的，第一間吉野家也是在熙來攘往的魚市場。

東京前幾年將世界知名的築地魚市場搬到豐洲，引起很多人的憂心，怕東京的飲食文化不在。然而，築地本來也不是魚市場，是一九二三年因為關東大地震，從日本橋搬遷而來。德川政權除了在江戶大興土木之外，為了確保城內的魚類供給，召集了大阪佃村的漁夫，授權他們在江戶灣捕魚。漁夫們除了將捕獲的魚送到幕府，也可以在日本橋販賣，使日本橋成為魚類批發市場。

日本橋的漁夫每天凌晨就上工，為了要活力滿滿，每天都要吃能補充體力和元氣的食物。一八九九年，來自奈良縣吉野町的松田榮吉，知道牛肉成為「文明開化」的象徵，但是要提供給漁夫和勞工等平價的牛丼還沒出現，選在日本橋魚市場開設「吉野屋」。

碼頭工人和漁夫工作時間不固定，隨時都有可能是吃飯時間，上菜時間要快，飯要大碗，味道和香氣都要滿滿，而且要便宜。吉野屋在日本橋魚市場滿足了勞動階層的胃，關東大地震之後，魚市場遷往築地，吉野屋也跟著在一九二六年在築地開設。

「吉野家一號店」目前仍在築地市場經營著，在二次世界大戰之後，為了符合築地市場的工作時間，首開二十四小時的營業模式，飢餓的時候隨時都可以享受到美味的牛丼。而且不只在日本，吉野家海外的第一家店在臺灣館前路開設，讓臺灣人熟知日本人文明開化的味道。

從偷偷摸摸的吃到文明開化的象徵，食物不僅滿足口腹之慾，也呈現了我們對於文明的想像。為了適應日本人的味覺，牛肉加進了味噌或是醬油，讓外國來的牛肉也沾染了和風。

2 三大洋食的可樂餅

「日本可樂餅協會」在二〇一二年成立，宗旨是「用可樂餅向世界的餐桌展現歡笑的幸福革命」，金黃色的酥脆外皮，內餡的奶油鮮香和肉汁所混和的味道，咬在口中香氣四溢的滿足感，的確是至福的享受！

令人感到幸福的可樂餅從何而來？

「無論是誰，邊走邊吃著剛出鍋的可樂餅的話，臉上都會寫滿了幸福。」是日劇《四重奏》當中的經典臺詞。可樂餅不只在日劇中常看到，臺灣也很容易買到。金黃色的酥脆外皮，柔軟的內餡，作為零食小點，在飢餓的時候來一塊，是至福的享受。

可樂餅有著「三大洋食」的稱號，其他兩者是日式咖哩飯和日式豬排飯。我記得可樂餅剛進入臺灣的時候，還有著日式可樂餅的抬頭。從我研究日本料理的過程來看，只要加了「日式」兩個字，就不會是日本原來的東西。

如果我們從語言來看，可樂餅是由日文的「コ

● 可樂餅

ロッケ」（korokke）音譯而來。明確的知道他是從法文的「croquette」（炸肉餅）而來，取其動詞的音「croquer」。法文讀起來的時候有咬下酥炸食物時，由齒間所發出的聲音。

法國的炸肉餅一開始不是混和魚肉和雞肉的絞肉，從十七世紀法國皇室食譜來看，炸肉餅一開始用牛或羊的內臟，混以松露和奶油、起士做成肉餡，然後以麵包屑和馬鈴薯一起油炸而成。

皇室的食物在法國大革命之後，廚師到了民間開餐廳，逐漸流入尋常百姓家。法國料理在明治維新的時候逐漸流傳到了日本，但本來是王室在吃的食物，如何普及到日本的庶民，成為隨手可得的路邊料理，則有一段故事。

我們先來看一段十九世紀晚期一本介紹可樂餅的書，內容提到：「將牛雞肉的肉末與馬鈴薯混和，做成橢圓形，再用牛脂炸。」另外也有不同可樂餅的做法，舉例來說：「將蝦放入開水中，然後剝殼，切成小的立方體。另外在鍋裡溶解奶油，接著一點一點加入小麥和牛乳，並來回攪動，當大約變成團狀的硬度時，與先前用奶油炒過的蝦子混和，至於容器中讓它冷卻。待冷卻之後，放入橢圓模具內，做成約六公分大小，再裹上麵粉、塗上雞蛋汁，用牛脂炸熟。」

這是可樂餅早期進到日本時的紀錄。

明治維新不僅是技術和工業上的革新，還是飲食文化上的改變。由於西餐當中大量使用乳製品、奶油和雞蛋。日本人用兩條路加以理解西方的食物，一種是完全的學習，在日本複製西方料理；另外一種則是用西方的原料，做出只有日本才有的洋食。

可樂餅中的重要關鍵就是馬鈴薯，日本人本來以米食為主。江戶時代傳入的馬鈴薯，在日本的產量並不高。適合寒冷地方種植的馬鈴薯在江戶時代末期引進北海道，並且成為北海道的主要糧食之一。

馬鈴薯隨著西洋料理引進日本，產量逐漸增加，到大正時代初年，就已經超過一百八十萬噸。大正八年的米價高漲，政府也加強推廣馬鈴薯，思考什麼樣的料理可以加馬鈴薯，日式咖哩是其中一個，可樂餅則因為馬鈴薯的盛產，成為庶民料理。現在的可樂餅更多變化，有時還會有南瓜泥或是山藥泥。

除此之外，日本人在整軍的過程發現士兵很容易罹患「腳氣病」。甲午戰爭陸軍死了一千多人，但因為腳氣病死亡的超過四千人。當時對於腳氣病的來源有很多種說法，有人認為是傳染病，必須從病毒的來源尋找。但軍醫高木兼寬發現，日本人喜歡吃精米，而且不喜歡攝取紅肉，造成體內缺乏維生素。

馬鈴薯具有豐富的維生素B1，可以預防腳氣病，加上馬鈴薯適合在寒冷和貧脊的土地上栽種，收成的次數多，取得容易且價格低廉，讓一般大眾也可以買得起。昭和二年在東銀座的「CYOUSHI屋」首先販賣可樂餅，用肉店賣剩的豬油炸可樂餅，香氣四溢，酥脆的外皮一吃下去，柔軟溫暖的內餡，後來成為國民美食，還有一首傳唱多時的可樂餅歌：

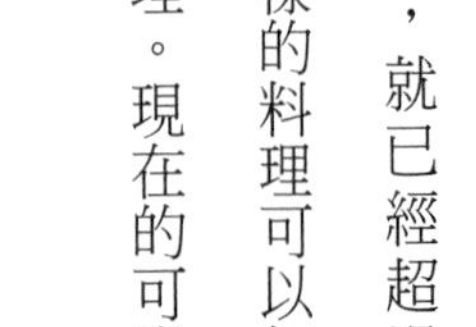

コロッケみるたび　想い出す
あなたと二人の　晩ごはん
何はなくとも　幸福が
胸にあふれた　あの頃よ
今日もコロッケ　明日もコロッケ
これじゃ年がら年中　コロッケ　コロッケ
（看到可樂餅的時候想起，
兩個人的晚餐，
即使什麼都沒有，也可以感到那時滿腔的幸福啊！
今天吃可樂餅，明天也吃可樂餅，
一年到頭都是可樂餅、可樂餅）

什麼才是好吃的可樂餅？

由於可樂餅成為庶民的美食，日本的餐廳、漢堡店、便利商店到路邊攤都有可樂餅，甚至還成立協會，確認可樂餅的劃分標準。「日本可樂餅協會」（日本コロッケ協會）在二〇一二年成立，宗旨是「用可樂餅向世界的餐桌展現歡笑的幸福革命」（コロッケから世界の食卓を笑顔にする幸せ革命），傳播可樂餅的文化。

協會的設置，增加了可樂餅的種類，像是一般常見的可樂餅外，還有「ミンチカツ」，「ミンチ」是絞肉的肉餡，「カツ」是日式炸豬排，就是用日式豬排的炸法炸絞肉製成的漢堡排，這樣的炸法也被協會納入。

那一個好吃的可樂餅要有哪些條件呢？

有六個標準來評判，分別是「味、衣、色、具、香、全」，每一種評判標準又有不同的細項，「味」則是依序從清淡到厚重分成六個層級；「衣」是指油炸後的外衣，從軟呼呼到酥脆也是分為六種；「色」則是外表呈現的顏色，由於油炸的時間、油溫的差異和不同種類的油都會讓色澤不同，分為淺黃、金黃、棕色和深色四種。

「具」在日文中指的是原料，如果在可樂餅的評判標準就是餡料，分為五個層級，數字越小餡料越少；「香」分為三種，從清淡到濃郁；「全」則是整體的感覺，餡料的柔軟或酥脆，搭配上奶油是否對位，是一個整體的感覺，分為大、中、小三種表現力。

有了客觀的六個標準，我們在形容的時候可以具體的說清淡的味道、軟呼呼的口感、淺黃色的色澤、餡料剛好、香氣濃郁，整體來說中規中矩。透過協會的認證，還有具體的分級，每年選出可樂餅的名店。

每一間店的可樂餅都各有勝場，不管是餡料、香氣、口感、色澤，都有自己的特色。我也喜歡在路邊的小店，當旅行飢餓的時候，點個熱呼呼的可樂餅。有時也喜歡到老派洋食的店，享用文人曾經吃過的可樂餅，例如淺草周邊的亞利桑那。

我喜歡的永井荷風，他在昭和二十四年的時候，已經是快七十歲的老人了。他第一次走進了亞利桑那，一直到七十九歲過世的時候，幾乎天天都在亞利桑那吃飯。荷風對於吃是很挑的，他成長在優渥的家庭，而且在美國和法國都待過，知道什麼是上層階級的生活方式。

荷風會在中午的時候，閒散的走到亞利桑那，點一瓶啤酒，配紅酒燉牛肉，有時也會叫炸蝦，奶油螃蟹可樂餅，蟹肉的可樂餅配上的是明格拉斯醬，這是亞利桑那的獨特配方，再加上一些高麗菜絲和番茄解膩，成為荷風的生前喜愛的菜色。

可樂餅酥脆爽口的表皮，內餡的奶油鮮香和肉汁所混和的味道，再加上明格拉斯醬酸酸甜甜的濃厚風味，咬在口中香氣四溢的滿足感，的確是至福的享受！

3 大為流行的海軍咖哩

咖哩飯在日本相當流行，流行的程度甚至超過握壽司和鰻魚飯。根據近幾年的調查，超過一億的日本人每個月至少吃四次咖哩飯，日本咖哩相較於印度風味咖哩湯汁較為濃厚，黏稠度較強，比較適合用來配飯。

我很喜歡組裝日本軍艦的模型，很多模型來自第二次世界大戰日本海軍的艦艇。後來有機會到日本的各大軍港旅行，從橫須賀、舞鶴到吳市，參觀了不同的軍艦。

旅行的過程中總免不了要吃飯，發現這三個城市都有屬於自己的「海軍咖哩」，海軍與咖哩，為什麼會變成一對，他們是怎麼配在一起的呢？

日本人的咖哩初體驗

如果我們考察日本人的咖哩初體驗，可以找到福澤諭吉的記載，福澤諭吉所編的《增訂華英通語》（福澤諭吉造訪美國時，在舊金山發現了這本由清人所編的字典）有著日本對咖哩最早的記載。

不過，福澤諭吉應該沒有吃過咖哩，日本人的咖哩初體驗應該是來自山川健次郎（一八五四——一九三一）的日記。山川健次郎何許人也？他是日本最初的物理學者，擔任過東京帝國大學和京都帝國大學的總長。出身東北會津藩的山川健次郎，入選為公費留學生，到美國留學。

山川健次郎的日記中除了有認真求學的紀錄，也將沿途的奇風異俗寫下來，對於咖哩的評價是帶有「奇怪臭味」的醬汁。然而，有著臭味的咖哩，當政府開始提倡吃肉、吃西洋料理時，西洋等同於文明開化，日本人就漸漸習慣這種臭味。

日本人一開始接觸咖哩，把它當成西洋料理，從夏目漱石的留英日記或是明治時代的報紙當中都可以發現，咖哩不被當成印度料理，而是文明開化的西洋料理。而其中，海軍與咖哩的關係是一段有趣的過程。

海軍與咖哩有關係

明治政府決定西化的過程裡，海軍的編制主要學習英國。日本人學習西方文化不只是

表面的層次，連外國人吃什麼也一起學。英國海軍吃咖哩，日本人也跟著一起吃。

牛肉咖哩飯富含維生素，在海軍的餐點中加入洋食，並且混以麥飯搭配，解決了海軍的腳氣病。陸軍由於不相信高木兼寬的說法，一直到一九一三年才停止供應精米，導致很多人的死亡。

然而，日本人並不習慣正宗的印度咖哩，所以要稍微改良一下，以符合日本人的口味。橫須賀現在有很多專賣海軍咖哩的店家，甚至變成一條「咖哩街」，其中追求原始味道的海軍咖哩是遵照一九〇八年《海軍割烹術參考書》做法的咖哩飯，其中寫道：

> 首先用抹了牛脂的平底鍋翻炒小麥粉，等顏色焦黃之後，放入咖哩粉，慢慢倒入高湯攪拌，煮出黏稠感，加入剁碎的牛肉或雞肉，將馬鈴薯切塊。接著放紅蘿蔔、洋蔥下去煮，以鹽巴調味。馬鈴薯可以等洋蔥和紅蘿蔔煮成泥狀再放。
>
> 轉引自《日本的洋食》，頁八八

海軍咖哩相較於印度風味咖哩湯汁較為濃厚，黏稠度較強，比較適合用來配飯。印度咖哩一般配麵包，但日本人習慣吃飯，所以海軍咖哩就在橫須賀生根。

後來在海軍的港口城市，像是舞鶴、吳市或是佐世保都有海軍咖哩，但是每個城市都有各自的風味，甚至還會相互較勁。不過，說到海軍咖哩，還是以橫須賀的最為有名。所以，日本農林水產省在二〇〇七年的時候舉辦一個「想推薦給外地人的本地人氣料理」，神奈川縣就選出了「橫須賀的海軍咖哩」。

對於一百多年前大多數的士兵而言，從軍之後的飲食是他們咖哩的初體驗。當時日本每人每年的牛肉消費量才一公斤左右，但是服役的士兵一年可以吃到十三公斤，可見洋食和海軍咖哩的牛肉消耗量。本來日本人對於牛肉敬謝不敏，但將海軍咖哩做成日本人能夠接受的味道，也受到士兵們的歡迎。

由於海軍長期在海上航行，所以需要有些固定的儀式和餐點讓他們掌握時間的感覺。據說日本的軍艦上會每逢週五推出這道料理。而且，服役的士兵都是平民，可以吃到以往不容易吃到的白米飯，對他們而言，咖哩飯、洋食可以讓他們吃得飽，飲食文化的

和、洋交流也比較容易展開。

當士兵們退伍之後回到家鄉，將這道料理傳播至民間。日本的國產咖哩於明治晚期（二十世紀初期）開發成功；昭和十七年（一九三六）大阪阪急百貨一天可以賣出一萬三千份的咖哩，後來開發咖哩粉、咖哩包，成為國民美食，在家也可以享用咖哩的味道。

現在咖哩飯在日本相當流行，流行的程度甚至超過握壽司和鰻魚飯。根據近幾年的調查，超過一億的日本人每個月至少吃四次咖哩飯，這只是上館子的次數，在家食用的咖哩包、咖哩粉的還不算在內。

透過咖哩可以看見飲食的文化交流。從日式咖哩不僅可以看到日本與英國、印度文化的交流，還可以看到飲食本土化的過程，共同譜出了一段雜糅的歷史關係。

4

濃郁清爽的蛋包飯

外表金黃色閃閃發亮的蛋包飯，口感順口滑嫩，而且飄散著濃郁的蛋香，目前大家常吃到的蛋包飯，其中的炒飯會加入番茄醬。番茄蛋炒飯要炒得好吃並不容易，番茄醬加得多，容易使得米飯濕黏而沒有辦法粒粒分明。番茄醬的甜度很高，在高溫的烹煮下很容易燒焦。如何讓米粒分明而又有番茄醬的香氣，是蛋包飯入門的功課。

我喜歡吃「洋食」，這裡指的不是正宗的西洋料理，而是經過日本人改造的「洋食」。除了豬排飯和日式咖哩，蛋包飯也是我最喜歡的「和式洋食」；如果要在東京吃蛋包飯，資生堂的「Parlour」總是我的第一個選擇。

位在銀座七丁目的資生堂，總共有兩座大樓，分別是「Shiseido the Ginza」和「銀座資生堂大樓」：前者是女孩們的天堂，一樓到三樓是資生堂的美妝旗艦店，但比起資生堂為人所熟悉的化妝品企業，令我更感好奇的，反而是旁邊的資生堂大樓。

磚紅色的資生堂大樓一共有十一個樓層，一樓賣的是餅乾和各式各樣的蛋糕，地下一層是藝

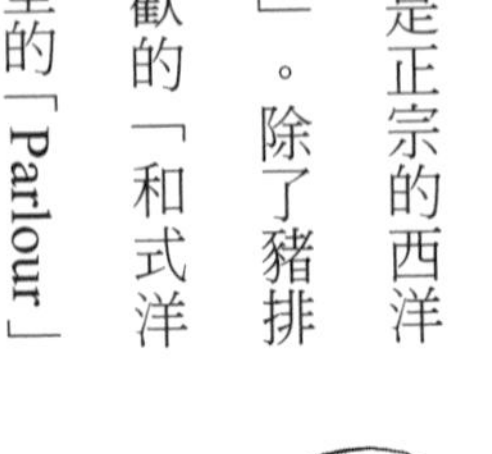

廊，三、四樓以後則是資生堂的 Parlour 餐廳（與他的蛋包飯），八樓以上還有人文空間，舉辦各式各樣的講座；除此之外，銀座七丁目的巷子中還有一間米其林三星的法式餐廳「L'Osier」——這間餐廳也是資生堂的一部分。

不只我愛吃資生堂的蛋包飯，文豪池波正太郎也愛吃。而且池波正太郎覺得資生堂的洋食充滿著摩登的感覺，那是因為銀座和下町的氣味不同。資生堂除了傳統的蛋包飯，還有白色的蛋包飯，最近還推出了綠色蛋包飯。在蛋皮中加入了波菜，呈現淺綠色，在初夏的時候推出，裡面是吸滿番茄醬汁的炒飯，兼具視覺和健康的要求。

在東京我還特別喜歡一家洋食屋的蛋包飯，就是赤坂的津津井。赤坂本身就是高級料理亭聚集的地方，津津井的裝潢相當高雅，還有日式的庭園造景，料理中最為出名的是牛排丼，連知名的《料理東西軍》都有介紹過。我自己則非常喜愛津津井的白色蛋包飯，除了高雅的純白色襯托出高級感，特別之處在於用蛋黃與魚子醬調製的橙色醬汁，更加凸顯蛋包飯的味道。

●赤坂津津井蛋包飯

蛋包飯的由來

除了資生堂的蛋包飯，我也喜歡到銀座後巷裡面的「煉瓦亭」，這裡據說是第一個賣蛋包飯的餐廳，也是日本重要洋食「豬排飯」的元祖店家。豬排飯是日本人改造豬肉的料理，用天婦羅的油炸方式，為了方便用筷子吃，事先切好再裝盤，澆上日式炸豬排醬汁之後再吃，豬排和味噌湯、米飯非常對味。

蛋包飯則是日本人改造雞蛋而成的料理。日本人以往不吃豬肉，但會吃雞蛋。從一七六五年所出版的料理書《萬寶料理秘密箱雞蛋百珍》中可以看到一百多道的雞蛋料理，讓不便吃牛肉、豬肉、羊肉……等四隻腳動物肉類的日本人可以補充蛋白質。

明治維新之後，日本為了富國強兵，參考西方人的飲食，知道雞蛋和牛奶是其中的關鍵。引進的過程也將西方的雞蛋料理引進，法式蛋捲歐姆蛋（omelette）先將蛋打散，加入牛奶和鮮奶油，用奶油或是其他的油煎過，然後包入起司、肉和蔬菜。

牛奶、起司和肉都是日本在富國強兵過程中學習西方人飲食過程中的新事物，蛋對於日本人來說並不陌生，但是將法國的歐姆蛋加入飯又是什麼樣的過程呢？

日本的蛋包飯，日文寫作オムライス，是 omelet 加 rice 所組成的外來語。蛋包飯有不同的形式，蛋基本上是用平底鍋煎的薄蛋皮，再包覆著炒飯。炒飯會用雞肉、洋蔥、蘑菇、紅蘿蔔和番茄醬一起炒。

現在一般將東京銀座的「煉瓦亭」或是大阪心齋橋的「北極星」視為是蛋包飯的創始店。「煉瓦亭」作為日式豬排飯的創始老店，本來在一九〇〇年的時候將蛋和其他食材一起炒，並且加入白飯，就是歐姆蛋加白飯的簡單形式，是「煉瓦亭」的員工餐。然而，後來有不少顧客聽聞這道菜，希望也成為菜單上的餐點，「煉瓦亭」就在隔年成為他們菜單

上的料理，一開始叫做「ライスオムレツ」。

由於銀座的煉瓦亭當時是知名的店家，菜單被很多媒體報導。一九〇三年新聞媒體開始報導，作家村井弦齋的《食道樂》也都介紹了「米のオムレツ」這道結合法國與日本飲食文化的料理。

蛋包飯的核心

目前大家常吃到的蛋包飯，其中的炒飯會加入番茄醬，是在一九二五年由大阪的「北極星」所發明。番茄蛋炒飯要炒得好吃並不容易，番茄醬加得多，容易使得米飯濕黏而沒有辦法粒粒分明。番茄醬的甜度很高，在高溫的烹煮下很容易燒焦。有些廚師因為怕燒焦就少放點番茄醬，會讓蛋炒飯缺乏番茄的香氣。如何讓米粒分明而又有番茄醬的香氣，是蛋包飯入門的功課。

差不多同一時代在東京日本橋開業的「泰明軒」（たいめいけん），也是蛋包飯的老店。由於曾經在導演伊丹十三的電影《蒲公英》登場過，讓「泰明軒」有了「蒲公英蛋包

飯」這道名菜。

「泰明軒」有兩層樓，一樓是平價的洋食屋，蛋包飯是放在「蛋料理」之中，跟「米飯料理」的咖哩飯、雞肉炒飯、豬排飯有別，可見蛋包飯是日本人在融合西方的蛋料理中的轉化。豬排飯的主食仍然是飯，豬排是配菜。然而，蛋包飯的蛋是主食，包覆在蛋中的飯則變成了配菜。

洋食中的主客關係由此可見。

蛋包飯本來在平價的洋食屋，後來到了資生堂的高級餐廳都有販賣，運用不同的食材、手法。有些外表金黃色閃閃發亮，裡面則是半熟的蛋，讓口感順口滑嫩，而且飄散著濃郁的蛋香，番茄醬的甜味相得益彰，在美味當中感受著文化的交融。

5

每位日本媽媽都有獨特味道的日式漢堡排

日本家庭的媽媽大部分都會有拿手的漢堡排，由於屬於家庭料理，淋醬大多依個人口味，搭配番茄醬、美乃滋等皆是常見的吃法，日本主婦的私房醬料更是不勝枚舉。來自西方的漢堡排，加入和風醬汁，飲食東西交融。

我喜歡到銀座的Candle吃日式漢堡排，這裡的漢堡排有種風味，帶點懷舊感，彷佛走進時光隧道，吃完就穿越到過去。

後來才知道Candle開店的當天，川端康成帶著三島由紀夫來過，在店的後牆上尚有兩人的簽名。這裡不僅日式漢堡排好吃，竹籃炸雞也好吃。

日式漢堡排吃得到漢堡排的美味，還有和風的醬汁，有些還會加上味噌特調的醬汁，還有清爽開胃的蘿蔔泥，與美式的漢堡不同，我們先來看一下漢堡的來源吧！

飄洋過海的漢堡排

從漢堡排發展的過程來看，據說漢堡真的來自

德國的漢堡，但那是因為德國與俄羅斯的交流才發明出來的食物。漢堡是德國北部的海港，長期與俄羅斯的聖彼得有船隻來往。

俄國人因為遭受過蒙古人的統治，飲食中有部分受到影響。現在到歐洲很多地方都可以看到的「韃靼肉排」，原始的是用生馬肉，再用鹽和胡椒調味，加入洋蔥、大蒜等香辛料。

在其他地區還有加入生牛肉的，一般還會加入生蛋黃，這樣的生食，相當生猛，有茹毛飲血的感覺，本來是以往游牧民族在征戰的時候，宰殺不良於行的馬匹。由於老馬的肉質較硬，所以要剁碎再加入蛋黃潤滑口感，便於下嚥。

德國各地有不同的肉丸料理，但大型而扁平的肉排就叫做 Hamburg Steak，這也是漢堡排得名的原因。漢堡的牛肉排（Hamburg Steak）聞名於十九世紀的歐洲，當時德國人除了很會做香腸，也將牛肉剁碎，做成牛肉餅，稱為漢堡排。

當德國移民前往新大陸，漢堡排也進入了美國。漢堡排的做法其實是一種節省食材的方式，碎牛肉原本只能做成香腸、熬湯或是丟棄，但是漢堡排混和了洋蔥，並且擠壓之後，肉汁與洋蔥的香味混和，放在鐵板上煎，成為既便宜又美味的食物。

美式的漢堡排大部分都用純牛肉製作，有些餐廳還會使用較優質的牛肉，漢堡排煎至四、五分熟，肉質略呈粉紅的時候送上來，牛肉吃來軟嫩，不過分調味，吃牛肉的香氣。

和風滋味的漢堡排

如果看歷史文獻的話，漢堡排第一次出現在日本的蹤跡是一八六一年長崎醫師松本良順宴請客人的時候，被當時作為客人的荷蘭醫師記載下來。由於日本人學習牛排的煎法，但沒有大塊的牛排，便用牛絞肉做成「組合牛肉」來招待外國人。

對於日本人而言，吃牛肉是西化的一部分，是進步的生活，和明治維新以來提倡「脫亞入歐」有關。然而，早期因為牛肉比較昂貴，所以一九六二年的丸新食品，在大家還比較貧窮的年代，會將漢堡排加入豬肉、鮪魚、鯨魚，每種都是碎肉，在飢餓的年代中讓大家可以品嘗到肉的香氣。

丸新食品的老闆新川有一天想到了新的方式，將漢堡排做成了料理包，便宜的在市

場中銷售，讓想吃漢堡排的一般人可以買回家自己烹煮，不用外食上餐廳，多花一筆開銷，後來成為尋常日本人家都有的家庭料理。

日式漢堡排一般都是混和牛、豬絞肉，比例大致一比一，漢堡排中還會加入雞蛋、麵粉，並用洋蔥增加香氣，由於原料當中有豬肉，所以會煎至完全熟透，最後再淋上特製的醬汁。

日式漢堡排通常會淋上伍斯特醬汁（Worcestershire sauce），也稱為辣醬油、鹹鹹辣辣的滋味中還有些微微的酸甜味，一般家庭餐桌上的還會混和日式醬油、味醂、糖，再加上蘑菇，增添更多的日本味。

日本家庭的媽媽大部分都會有拿手的漢堡排。由於屬於家庭料理，淋醬大多依個人口味，搭配番茄醬、美乃滋等皆是常見的吃法，日本主婦的私房醬料更是不勝枚舉。之所以會在日本民間流傳得如此之廣，跟豬肉較便宜也有關係。豬肉較牛肉便宜，豐富的油脂又能使漢堡排中的牛肉吃起來較為滑嫩，加入了雞蛋和麵粉會更加有營養，適合成長中需要營養的孩子。

我曾經在日劇《有喜歡的人》當中看到，一間在海邊經營的餐廳，主角櫻井美咲是位甜點師傅，全心投入工作，但最後因故被解僱。灰心喪志的他到了海邊的餐廳，發現高中初戀對象開了一間餐廳，在他的店中開始了新工作。

海邊餐廳中有一道招牌菜是「日式蛋包漢堡排」，將漢堡排再加上日式蛋包，並且淋上酸甜的祖傳祕方醬汁，漢堡排加上蛋包，更加的柔順滑口。一道料理飄洋過海，最後融入日本的日常生活，而且加入了好多的故事。

6 日本法式料理的誕生

天皇的料理番

二〇一五年的春季日劇，TBS六十週年的紀念大戲：《天皇的料理番》（天皇の料理番）描繪大正、昭和時期天皇的御廚秋山德藏的故事。

《天皇的料理番》不僅是一個人的故事，也是一個時代的故事，透過個人的情感瞭解料理與時代，也可以認識飲食與東、西文化的交流。

日劇是以杉森久英的小說為藍本，杉森久英是我很喜歡的傳記小說家，除了《天皇的料理番》以外，他也寫過《美酒一代》，故事的主人翁是三得利的創辦人鳥居信治郎，杉森久英在一九六二年更以《天才與狂人之間》（天才と狂人の間）描寫天才作家島田清次郎的傳記獲得直木賞。

由於秋山德藏本人的故事相當精采，小說只要貼近真實的人生，可讀性就會很高。如果想要知道小說和真實人生的差異，可以閱讀秋山德藏本人所寫的《味》。

高森德藏

小說中的秋山德藏本名高森德藏，出生於日本東北的福井縣，高森一家在當地開料理店，也是地主。年少的德藏難以教養，所以父母將他送到寺廟中，在寺廟中修行了一年也沒有改變他火爆且躁進的脾氣。

改變德藏人生的際遇是在軍隊中，高森家供應福井當地陸軍的食材。德藏在送貨到廚房時，聞到以往不曾嗅過的香味，那也是他第一次吃到吉列豬排和咖哩飯。

本來不吃四隻腳動物的日本人，明治維新之後為了強國保種，也開始吃牛和豬等以往敬謝不敏的肉類，而軍隊是明治時代日本推行西洋料理很重要的場所。

德藏品嘗了西洋料理之後，萌生成為主廚的志願。在因緣際會下，十六歲時到了東京，透過親友的推薦進了華族會館修行了三年。

德藏雖然有志於廚藝，但是火爆的個性、積極進取的特質，讓他無法接受按部就班的師徒制，十多歲的他腦袋中老是想要擔任主廚。那些洗碗、切菜等備料、打雜的工作他一學就會，但學完以後就覺得無聊，想要更上一層。

講究輩分的廚房無法接受他這樣的個性，所以在廚房中老是與前輩衝突，甚至還曾經偷過主廚的祕密私房食譜，為的就只是早日當上主廚。

德藏在廚房中雖然老是闖禍，但一心想精進廚藝的他總是在困難的關頭得到貴人的幫助，後來也在築地精養軒和駐日本的巴西大使館廚房工作，師從東京各大飯店的廚師。

明治維新雖然引進西方的船堅砲利，在科技與社會制度上改革。但是，日本人的飲食文化還是沒有根本性的改變，當時熟悉西方料理的廚師大部分是在通商口岸，像是橫濱、神戶等地方，他們曾經在外國使節的廚房工作過，熟悉一些西洋料理。但是，真正能夠到法國學習原汁原味法式廚藝的人少之又少。

當德藏的技藝到了一定程度時，知道只有前往巴黎才能更上一層。當學徒之餘，他透過菜名學習法文。一九〇九年，年僅二十一歲的德藏得到家裡的資助，先前往德國，之後再輾轉到巴黎。透過駐法日本使館的幫忙，一開始到法國餐廳中打雜。

從杉森久英的小說和德藏的回憶中，都可以看到德藏在巴黎習藝的辛苦，當時法國人對於日本人還有很深的種族歧見，廚房又是一個講求輩分的保守體系，身材矮小的德藏經常被當成一隻亞洲來的「猴子」，有時不被當成人看，各種言語的侮辱使習藝的過程倍增辛苦。

日本人學習事物的方式重基礎、基本功的培養，在東京學習法國料理的那幾年，德藏認真的將法式料理的基本功都學好了，在巴黎的習藝彷彿是打通任督二脈，學習到法式料理的精神與內涵。

透過自己的努力和天分，德藏在巴黎逐漸得到法國人的認可，也在當時最好的法式餐廳學習，像是Café de Paris和麗池酒店，而且得以進入法國的廚藝工會（Chambre Syndicale de la Haute Cuisine Francaise）。法國人除了認可德藏的廚藝，而且讓他進入工會，有固定的薪水和勞動條件的保障，這是一個亞洲人在巴黎料理界難能可貴的重要成就。

天皇的大膳頭

一九一四年，剛即位的大正天皇，即位大典打算邀請各國使節。大正天皇是日本西化之後即位的第一任天皇，為了向世界展示日本對於西方文明的接受，在京都二条城的即位大典決定以法式料理招待全世界的使節和嘉賓。

法式料理除了器具、排場，相關的禮節、擺盤、菜式都是學問，宮內省為了這個問題，向日本的駐法使館諮詢。時代造就英雄，英雄也要能把握時代，當駐法大使諮詢德藏回日服務意願時，當時他在麗池酒店的工作已經得心應手了。

到底是該留在法國的料理界？還是回國服務？讓他徬徨了一陣子。

德藏選擇了對的時機回國，時代正在改變，時年二十六歲的他擔任了宮內省大膳司的大膳頭，破格進入皇宮這個封建且陳舊的體系，而且委以重任，一上任就得準備兩千人的法式國宴。

當時與德藏工作的同事年紀都比他大上許多，初生之犢不畏虎，靠著過人的能力與勇氣，德藏勝任了這個工作，也讓日本人在國際的使節和嘉賓中得到了讚賞。

德藏不僅是天皇的大膳頭，對於法國料理在日本的普及也有相當大的貢獻。一九二三年出版一千六百頁的《法國料理全書》（仏蘭西料理全書），後來再版了幾次，堪稱日本法式料理的聖經，為日本法式料理奠下基礎。秋山德藏可以說將日本的法式料理加以體系化，並且呈現出自身的特色。

現在全世界獲得米其林三星最多的城市不是巴黎，而是東京。雖然東京米其林三星的餐廳也有不少日本料理，但日本的法式料理是獲得法國人的肯定與讚賞，奠下基礎的德藏功不可沒。

鶼鰈情深

日劇與真實人生差異最大的地方，應該就是德藏的伴侶俊子的故事。俊子是秋山家的長女，初識人生的伴侶是因為德藏從法國回來後暫居秋山家，德藏與俊子相遇而結婚，由於德藏是次子，無須繼承家業，入贅沒有男丁的秋山家，將原姓的高森改為秋山。

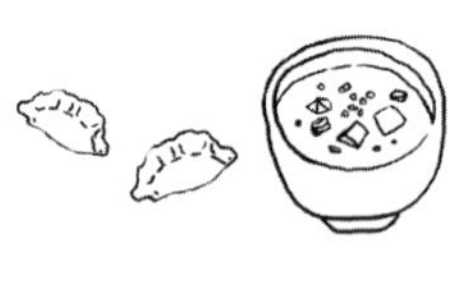

日劇中的俊子似乎是一個新時代的女性，為愛從原本的家中離家出走，在東京獨立生活。然而，真實的俊子是比較傳統的女性。德藏與俊子之間鶼鰈情深的情節則是真實的，當俊子染上結核病，德藏暫時離開工作崗位，回家專心照顧妻子。

而且，當俊子往生之後，德藏隨時帶著俊子送給他的鈴鐺。因為德藏的脾氣火爆，俊子希望他一聽到鈴聲時，有如俊子就在身旁，進而能夠冷靜下來。

職人之技

如果你問我日本的法式料理與法國的差異何在？每個廚師所用的食材、烹調方式都有各自的師承。但是，從核心與內涵而言，秋山德藏學習法式料理，而且晉升到法式料理的頂峰，他們還是強調自己的「和魂」，內在的精神還是純粹的「日本」。

在德藏的料理中，他是以自己的「誠心」精進自己的技藝，以職人之心面對料理。「職人」以往是指具有專業技能的傳統手工藝者，後來各行各業的技術專才都可以稱之為職人，職人所具有的精神必須透過長時間的鍛鍊，需要帶著追求完美的態度，一生一世無止境的磨練自己的技能。

職人不是工匠，不只要有熟練的手藝，還必須具有嚴肅且認真的態度，充滿著強烈的自尊心，過於常人的堅持，即使一點小細節也不放過。

日文當中有一個字「こだわり」，指的是對於特定事物細節的追求，但是，這樣還不足以成就一個職人，職人的「態度」也很重要，是對於一件事的執念與心態，需要把「心」融入於其中。

「完美」雖然無法達到，但是需要有一顆追求完美的心以及對待每一個細節的要求。

料理人

或許是我見識淺薄，在臺灣或是華人的法式料理界，有人能達到秋山德藏的高度嗎？

秋山德藏在明治維新前後，從東北的鄉村出身，在東京感受了新式的西洋料理。由於家人的資助和貴人的提攜，得以到法國習藝，而且進入了法式料理的核心麗池酒店，也是第一個進入巴黎廚藝工會的亞洲人。

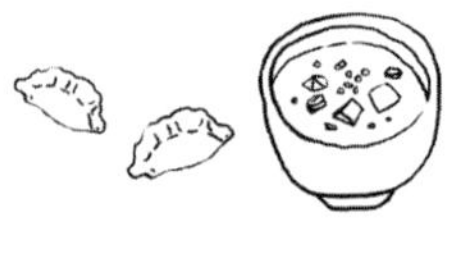

● 秋山德藏

在德藏晚年，還被法國料理界頂峰的法蘭西廚藝學院（Académie Culinaire de France）推薦成為名譽會員，這是法式料理的最高權威機構，名譽會員僅有十名。這樣的成就在今日都很少有人能夠達到，何況是明治維新前後的日本呢？

秋山德藏的人生故事是一個傳奇、也是一個飲食與文化交流的故事，他以日本人的精神學習法式廚藝，獲得了至高的成就，使得法式料理也能融入日本人的「職人之技」。

7

和牛好吃的原因

牛排和葡萄酒一樣，都是屬於歡樂的神話。它是肉的精華和肉的純粹形態，不論誰嘗了它，都可以獲得公牛般的力氣。牛排的優越，顯然來自它的假性生肉性質，在牛排中，血是看得見的、自然的、緊密的、既濃縮又成塊的，你可以輕易想像出，古人的美食，就是這種厚重的物質，在齒下咀嚼、縮小，你會敏銳地感覺到它原始的力量，和它流入人血的性質。

羅蘭．巴特的《神話學》提到牛排好吃的原因。他以詩意的文字說出了人對牛排的欲望、食肉的天性衝動。對於西方人而言，牛肉不只是牛肉，似乎是從創世紀的神話以來與人類文明相始終的食物，也是氣力、精神的象徵。

將肉放在炭火上烤，動物脂肪混和著柴煙的香氣，應該是從人類發現火之後一直烙印在人類腦中的美味。不只如此，人類也覺得這樣的味道可以討好神明，使用牲畜以祭神成為宗教之中的牲禮。

如同麥可．波倫所說的：「說不定祭禮正是烹飪之始，因為把肉放在火上一烤，把祭品送上天庭的問題便迎刃而解了。」不管如何，當人類從茹毛飲血，開始飼養家畜，並且懂得烹飪以後，人類的

飲食文化、傳統和禮儀就和肉離不開關係了。

當牛不吃草

牛應該是吃草的吧！雖然我不是動物學家，但常識都知道牛該吃草。牛的胃裡有微生物，吃進去的草透過不同的胃加以反芻消化，轉換成身體的營養，這個應該是國小課本當中所教育的常識。

以前在看電影的時候，西部片當中牛仔最重要的工作就是趕牛，讓牛在不同的草場上吃草，以免牛耗盡同一塊土地的草，逐水草而居，調節草場，使得草地不至於乾枯，生生不息而且與自然的循環配合，是人與土地共存的方式。

吃草的牛必須經過三至五年的飼養時間，體重約三百公斤到五百公斤才能食用。然而，現在全世界有一批很愛吃牛肉的人，他們所飼養的牛肉卻不在草地上吃草。為什麼呢？因為他們太愛吃牛肉了，所以不給牛吃草，這個邏輯似乎有點詭異。

事實上，美國的玉米牛也不全吃玉米，而是為了加快飼養牛的時間，在牛即將屠宰之前的幾個月使用混和穀物（玉米、大小麥、黃豆混和物）與草料的比例調成三比一，最主要的目的在增加牛隻的脂肪。

美國牛隻的飼養採用玉米其實和政府的支持有絕對的關係，因為玉米的量產，導致無法銷售過量的玉米，而且加上飲食習慣對於牛肉的依賴，賣不出去的玉米就拿來給吃草的牛。

為什麼要吃玉米呢？因為牛肉的需求太大，在一九五〇年時，養一頭牛需要三年的時間，但是現在只要一半的時間就可以養到相同的重量。牛從出生時約三十公斤的體重到宰殺時的五百公斤左右，目前只要十四到十六個月的飼養時間，使用的方式就是大量餵食玉米飼料。

因為玉米是一種密集度很高的熱量來源，只讓牛吃玉米的話，可以使牠們迅速地增重，據說肉質上的油花也讓消費者較為滿意。

但是，吃玉米的牛會造成生理上的病變，本來牛的胃是用來消化草的，玉米會使牛的肝臟和胃臟產生囊腫，死亡率也較高；相同的邏輯，也會不利人體的健康，吃玉米的牛含

有太多的飽和脂肪，容易造成心血管的疾病。

從食物鏈的角度來看，現在美國人吃的東西都和玉米脫離不了關係，透過基因的分析，我們甚至可以稱之為「玉米人」，本來身為雜食者的人就是應該什麼都吃，才不會造成自己的滅絕，但是美國人就宛如只吃尤佳利葉的無尾熊，只吃玉米及其所餵養的肉類，覓食的種類相當單一。

當然，關於玉米牛的論述在學界和輿論界都引起相當大的討論，支持玉米牛的人士也可以提出很多科學的論據反駁。

美國牛怎麼養的？

不管是否支持牛吃玉米，讓我來看牠們的飼養環境。根據《國家地理雜誌》的報導，在德州北部的「潘漢德」，透過鐵路的運輸，愛荷華等中西部所種植的玉米會運往德州的飼養場，超過五萬隻牛隻整天在這裡吃玉米、吃玉米、吃玉米，擁擠的飼養環境之中沒有地方可以行走，大量的糞便使得當地臭氣沖天，汙染當地的地下水源。

從德州北部到堪薩斯，超過一百萬頭的牛在這裡度過牠們最後的「牛」生。美國人的飲食就有如他們的生活，宛如生產線一般，中西部的幾個州統一種植玉米（從衛星看下去都是玉米田，沒有其他的作物）、幾個州共同飼養牛隻，透過鐵路運輸拍賣至全國的每一家餐廳，吃同一種牛肉。

玉米牛的判定還跟牛排優劣的劃分聯繫在一起，從產地、餐桌到牛排的風味形成一個消費的循環。美國牛排優劣的判定，依照農業部屠體評級人員依肉眼判定，所遵循的是統一的標準：大理石花紋的脂肪。優劣分為八級：極佳級（prime）的為十八個月的牛隻，大理石般的油花據說入口即化，接下來是特選級（choice），脂肪較少，最下級的是一片紅肉，不含脂肪，用來做罐頭。

生產線之中沒有個別化、差異的生產，判定也是按照極為單一的標準，所以運到全國每家餐廳的牛隻也是依循相同的準則。

農業部所制定的牛肉等級，讓最好的紐約牛排餐廳 Peter Luger 到德州的餐廳都使用同一個標準。以往的餐廳從產地到餐桌，可以追索出生產的蹤跡，如果我們吃到一家餐館

的牛排不好吃，老闆可能不再跟農場合作，選擇別的農場。不管是飼養環境還是牛排的選擇，都是個別化的生產。

因此，美國的牛排並沒有所謂的「風味」，什麼是「風味」？就是按照農場生態環境的不同，像是：日照、溫度、水土等因素使得牛肉的品質產生差異的關鍵。

其他國家的牛是如何飼養的？

當不吃牛的日本人開始吃牛

飲食生活很容易看得出國家的區別，就有如烙印在每個人的文化習慣。相較於美國對於統一的要求，日本人則發展出另外一個極致：對於差異化的要求。

明治維新以前，日本人有將近一千年的時間不吃牛，肉類蛋白質主要從魚肉當中攝取。日本人認為吃牛肉是不潔的飲食行為，不僅會讓身體有奇怪的味道，還會汙染身心，無法侍奉神佛。

明治天皇開始提倡肉食，理由不是為了美味，而是認為獸肉的食用將可以強國保種，讓日本人的體格強壯起來，跟西方人一樣壯碩，才可以擠入先進國家之林。

明治時代以來，日本也開始飼養牛隻，將日本牛與歐美的牛配種，所謂的和牛（wagyu）可以分為黑毛和種（Japanese Black）、褐毛和種（Japanese Brown）、日本單角種（Japanese Shorthorn）和無角和種（Japanese Polled）等。

以往日本人覺得養牛會汙染土地，所以經常將牛、豬的飼養場放在無人島上，以免汙染。九州外海的壹崎島群，有些還是無人島，上面有一萬頭以上的牛，大多採用放牧的方式，牛隻吹著海風，在沒有汙染的環境之中長大。

上個世紀八〇年代以後，和牛在國際的牛隻市場逐漸闖出名號，不同的國家也開始飼養和牛，主因在於美國牛隻的飼養方式讓世界注意到不同的飲食文化所造就出飼養環境的差異。

對於日本人而言，和牛不僅是一種品種，還必須喝日本水、吃日本草長大的牛才算和牛。相較於美國的牛隻都吃玉米，日本人還強調牛的飼料與飲水，聽說有的還喝啤酒、聽音樂。

和牛雖然也按照脂肪的分布，分為A1到A5，但是脂肪的分布並不是絕對的，重點在於「風味」：由土壤、氣候、水質所造成的差異。

不同地區生產的牛：岩手牛、信州牛、北海道牛都決定了牛肉風味的不同，即使相同的品種，在不同的風土所飼養下，也會有所差異。雖然松坂牛和神戶牛在全世界的市場上較為有名，但日本每個地方的牛都各有特色。

本來「神戶牛」指的只是從神戶出口的國產牛，但在時代的發展過程中，現在的「神戶牛」，必須是「但馬牛種」的日本國產黑毛和牛。神戶肉類流通促進會還對「神戶牛」下了定義，必須是神戶所在的兵庫縣生長且養大的牛隻，還必須是未生產過的母牛或是未閹割過的公牛，在紅肉比例、霜降程度和牛腿肉的重量都有特別的規定，才能符合神戶牛的標準。

真正的神戶牛帶著綿密的大理石紋，由於油花相當均衡，故肉質相當鮮嫩，並具備獨特的香氣和口感，育成過程並不容易，有別於美國、加拿大等大量飼養的牛隻。

現代的神戶鐵板燒，在肉質上也強調其特殊性，和牛以其特別的飼育過程、對於口感

● 和牛的油花分布均衡

以及肉質的要求，讓本來不吃牛肉的日本人也能接受，更在全球的牛肉市場上占有一席之地，和牛、神戶牛等同於高級牛肉的代名詞。

相較於美國牛短暫的飼養期間（五個月），和牛的飼養期間則是三十個月，更嚴格要求的松阪特牛則要三十五個月。如果按照美國農業部的標準，和牛顯然是「太老」了。

為什麼日本人可以如此飼養牛隻呢？主要在於他們不過度依賴單一肉類，他們平均每年每人食用的牛肉是二十磅，只有美國人的三分之一，其他的蛋白質則攝取不同的肉類。

加拿大的記者馬克．史蓋茲克曾經為了牛排走訪美國、阿根廷、蘇格蘭等地，來到日本之後，對

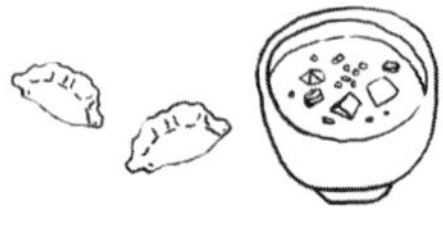

於他們牛隻飼養的過程相當驚訝。史蓋茲克拜訪具有三十年以上資歷，負責檢驗日本牛肉的檢查員時，檢查員清楚且明確的指出不同色階的牛肉脂肪，跟他分析牛肉不同脂肪的意涵和其中的成分：

「這傢伙太懂牛排了。假設世界上真有牛排狂熱者，非他莫屬。」史蓋茲克心想。

「你多常吃牛排？」史蓋茲克問，準備好來個牛排愛好者的大擁抱。

「我不喜歡牛肉。」檢查員說。

很多日本人還是不喜歡牛肉的味道，相較於美國牛排的烹煮法，日本人的烹煮方式沒有什麼血水，日本人不大喜歡半熟或是太過血腥的吃法，而且日本人把牛肉切得小小的，在燒烤的盤子上烤熟了以後，再沾上醬油配著飯吃，和西方人純粹的食肉方式不同。羅蘭．巴特的看法可能只適合歐美人吧！

討論牛排的食用，還是離不開飲食文化的本質，人類學家薩林斯相當敏銳地指出所有

切成小塊燒烤的牛肉

的經濟行為都根植於社會價值，如果西方人愛吃狗肉的話，整個農業、糧食、飲食傳統和經濟系統都會產生變化，國際貿易也會有不同的結果。

如果美國人不只吃牛肉，在飲食攝取之中多增添一下其他的肉類食用，雞、鴨、魚、羊、豬等，平衡各種肉類，回到雜食者的本質，飼養過程也不會過度集中化，動物處境和飼養狀況也不會如此惡劣吧！

8 屬於日本的啤酒味道

今天晚上喝麒麟、朝日（Asahi）還是札幌（Sapporo）啤酒呢？

提到酒時總得在旁邊寫上「飲酒過量有礙健康」，政府規定在香菸和酒類的廣告打上這些標語，喝酒和抽菸的人彷彿都是帶著負面的意涵。

但是，有沒有那麼一個時代，喝酒沒有那麼負面，而是帶著正面且具光明的意涵呢？

有的，喝酒不但正面，還可以促進文明。

飲酒促進文明！

日本人接觸洋酒最早是在大航海時代透過「南蠻」（葡萄牙和西班牙）和「紅毛」（荷蘭）人所介紹而來，當時主要流傳在上層階級，將他們視為遠方而來的新奇玩意，一般民眾根本無法接觸到。

相較於紅酒的接觸史，啤酒的接觸史則較短，但是卻可以看到影響較為巨大的文化交流。從幕末時期出使西洋的使節和留學生的紀錄之中，可以看到日本人的異文化體驗。

當時在船上前往歐美的日本人首先得開始吃牛、豬、雞等以往不吃的家畜肉（日本人有將近一千年不吃家畜肉的歷史），他們覺得這些老外臭氣沖天，不只是食物而已，連身體上都帶著臭味，船上所提供的啤酒也帶著苦味，搞不太清楚他們為什麼可以吃、喝這些東西。

不過，派出去的留學生也沒有太多閒錢，所以在歐洲和美國時也無法好好了解啤酒的味道和相關的文化。

對於日本人而言，啤酒一開始不只是啤酒，它是一種文明開化的飲品，日本人就是被這些臭氣薰天且喝著苦味飲品的人所打敗的。

明治四年（一八七一）所派出的使節團，全權大使岩倉具視，副使伊藤博文、大久保利通，還有四十五名的菁英官僚等人，稱為「岩倉使節團」，前往美國和歐洲。這次的

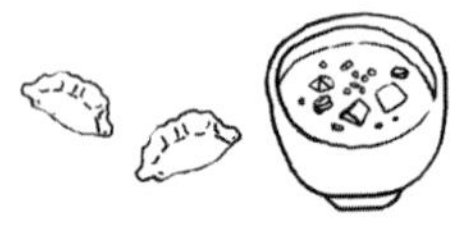

出使空前絕後，在世界史上也是少有的隆重，想要研究和攝取西方文明進步的祕訣。

一行人到了英國中部的時候，前往啤酒工廠參觀，工廠使用蒸汽火車作為運送大麥的交通工具，並且使用工業化的釀造技術。大規模的啤酒製造，不僅可以滿足英國本地的啤酒消費之外，也可以外銷到國外賺取外匯。

從當時「岩倉使節團」所留下的日記來看，他們認為飲料的消費越高，國家的開明和富饒程度就越高。飲料是快樂的媒介，可以在販賣飲料的場所得到快樂，伴隨著國家越加開化，飲料的消費就會增加。

前往英國的使節團當然沒有很簡單地落入飲酒等同於文明的邏輯謬誤，他們在歐洲所見所聞都是為了日本強國的目的。他們認為日本酒的釀造技術也不錯，如果能將工業化的釀造技術帶回日本，替未來大規模生產鋪下基礎，將會使啤酒也能替日本人賺錢。

一百多年前岩倉使節團的希望和夢想，逐步實現。

札幌啤酒讓北海道進入工業時代

日本本土啤酒的製造一開始與富國強兵的文明夢脫離不了關係。當美國艦隊司令培里一八五三年率領著黑船來日，隔年的日美條約中要求結束鎖國，並且開放日本的港口，北海道的函館也在開放之列。

為了在北海道建立強固的軍事要塞，建起了五稜郭，對於北海道進行開拓。當時的俄羅斯為了在東亞增加不凍港，覬覦北海道的港口與領土。日本政府除了在軍事上加強北海道的防禦之外，根本之計在於建設北海道，使之成為日本本土的後盾。

由於北海道太過嚴寒，移民到北海道的農民無法種植以往熟悉的稻作，當時負責北海道事務的「開拓使」做了一個明智的決定：以西方的農業技術、近代的產業開拓北海道。

作為開拓使次官的黑田清隆決定著北海道的產業政策，對於北海道的規畫宏大、進步且縝密，除了基礎道路的建設之外，引進大量的現代農業技術，像是啤酒、葡萄酒、紡織等三十多種產業，建設超過四十間以上的工廠。日本最早的罐頭，也是在北海道製作的。

北海道的農業首要為糧食作物，其次為貿易作物，啤酒釀造屬於可以賺錢的貿易作

物。啤酒釀造所需的大麥，黑田決定不假外求，在北海道自行研發、種植，使用國產大麥製造屬於日本人的啤酒。

堅持使用本土大麥製造的啤酒不在於口味上的獨特堅持，而是怕啤酒事業的原料掌握在外國人手上，將會使得原料的取得產生困難。

亞洲啤酒第一人：中川清兵衛

實際上負責北海道啤酒釀造的人是中川清兵衛，是極為傳奇且傑出的人物。出生新潟（當時稱為越後國）的商家，從小對著國外的世界有著異常的興趣。十六歲時就離家到橫濱的德國商館打雜，驚訝於外國人的科技與文明。在十七歲時（一八六五）以船工的方式密航倫敦，當時日本還在鎖國，私自出國違反幕府的法律，是殺頭的罪。但是，憑藉著好奇心與熱情，死罪也無法擋住他對於世界的探索。

到達英國之後又輾轉到了德國，在大戶人家之中幫傭了幾年，直到生命的轉折出現。當時在柏林留學的青木周藏是幕府派出去的公費留學生，在偶然的機會到中川幫傭的家庭作客，青木驚訝於當地也有日本人，上前攀談。

中川在幾年幫傭的過程裡，學會了德語和英語，青木對於他的毅力十分感佩。雖然尚未立定志向，但是這時中川也才二十出頭，年輕力壯、學習力強，青木將中川介紹到柏林啤酒廠中學習。

當時的酒廠採用的是師徒制，第一個亞洲人到啤酒工廠工作，其所受到的待遇和辛苦可想而知。但是，中川的刻苦耐勞連啤酒廠的廠長都大為佩服，中川不僅學會了啤酒的所有製造流程，還得到廠長大大的讚許。

拉格還是艾爾？

中川在柏林啤酒場修業結束之後，拜訪改變命運的恩人，青木年僅三十一歲就已經出任日本駐德國大使。青木十分愛惜中川，寫了一封推薦信，將他介紹給北海道的「開拓使」次官黑田。

明治八年，當黑田在煩惱釀造啤酒的人才時，接獲青木的推薦，任用了中川。中川

一開始在東京的北海道辦事處上班，結識了他的直屬長官村橋久成。村橋出生九州薩摩藩的名門，為藩中的菁英，在幕末風雲變色的時代，薩摩藩體會到時代的劇變，祕密送出許多年輕人出國留學。

村橋由公費派遣至倫敦留學，在這段期間接觸到英國的現代農業，倫敦郊區的農業試驗場和農業技術令他印象深刻，透過機械、蒸汽等動力使得大規模的糧食和經濟作物得以生產。

當中川清兵衛和村橋久成見面時，留學英國的村橋在英國喝的都是艾爾（Ale）啤酒，對於德國啤酒並不熟悉，詢問中村德國啤酒的特色。

中川在英國和德國都待過，向村橋解釋兩國啤酒的差異，英國的啤酒以艾爾為主、而德國啤酒則是拉格（Lager）啤酒。中川指出英國啤酒是上層發酵的啤酒、德國啤酒則是下層發酵，英國的啤酒展現出較為強烈的香氣，而德國則是「淡麗」，比較符合日本料理的口味。

然而，德國的拉格啤酒製作過程需要大量的冰加以冷卻，北海道的天氣相當適合。在沒有冷藏技術的時候，將冬天的冰塊儲藏起來，還可以供夏季啤酒的釀造使用。

中川雖然在德國學習到釀造啤酒的所有技術，但是真的要上場時，還得經過不斷地試驗。啤酒的發酵需要在一定的濕度與溫度中，中川在釀造過程中的酵母多次發酵不良，他從失敗中學取經驗，最後終於製造出日本的本土啤酒。

推出的札幌啤酒以五稜星作為標誌，是北海道開拓使的戰艦旗章，也是函館的地標五稜郭，標籤上寫著「Sapporo Lager Beer After German Brewery」。販賣價格大瓶的十六錢、小瓶的十錢，國外進口的啤酒大約是二十五錢，比起來便宜了不少。

不過，當時所推出的啤酒並不是所有人都能消費得起，以今日的幣值來算，大瓶的札幌啤酒將近日幣六千元。

明治十年九月所推出的札幌啤酒，廣告上說札幌啤酒不僅風味爽快，還有健胃、有益健康的功效。

嗯！有益健康的啤酒，真是不錯的時代啊。

沒有酒喝的老外們

約略同一時代，明治初年的橫濱與北海道的開拓不同，當時的橫濱聚集了來自不同國家的人，是日本人感受西方文明的地方，啤酒在橫濱是帶點新潮且時髦的玩意而被日本人所接受。

當橫濱開港之後，不少的外國人到居留地居住，主要是軍人、外交官、傳教師、學者和奉派到東方來的商人。從橫濱開始，日本人接觸到許多西洋的新文化，像是鐵道、新聞、冰淇淋等，啤酒在日本上陸一開始主要在外國人的居留地。

橫濱居留地的外國人超過兩千人，對於日本的飲食和酒類都不熟悉，想念著啤酒的味道（酒蟲都爬出來了）。雖然一些貿易商進口啤酒到日本，但是在冷藏技術尚未發明前，從歐洲進口啤酒經過印度洋、赤道等的地方，熱帶的高溫再加上長期在船上的搖晃震動，啤酒到日本都快壞掉了，不僅口味不佳，也所費不貲。

兩千個外國人沒有新鮮的啤酒喝，就促成了日本本土啤酒的誕生。橫濱外國人居留地當時總共有四家啤酒釀造場，其中影響最大的就是由挪威裔的美國人柯普蘭所製造的啤

●札幌啤酒博物館

酒。

柯普蘭在橫濱附近找到泉水湧出的山谷，將啤酒公司稱為「Spring Valley Brewery」（スプリング・バレー・ブルワリー）。由於第一次在日本製造啤酒，他就地取材，使用湧出的泉水作為動力，粉碎啤酒所需要的麥芽。在山谷之中掘出山洞，使得夏天也可以喝到冰涼啤酒（人為了喝啤酒，可是做了很多努力啊！）。

明治三年創業的「Spring Valley Brewery」在日本的事業得到許多外國人的支持與購買，事業做得很成功。但是，做生意似乎就是如此，當生意賺錢時，股東之間就開始有了嫌隙，一狀告到了美國領事（當時日本還有不平等條約，所有外國人都歸外國人自己管），說柯普蘭的公司使用有害的物質製造啤酒（黑心啤酒！）。

美國領事判決柯普蘭的公司解散，並且在明治十七年拍賣工廠的設備。柯普蘭的公司雖然解散了，但是其他的商人看到了可以賺錢的設備，覺得有利可圖，便合夥將器材買下。

趁機買下設備的股東們，都是當時知名的商人，包含有日本資本主義之父稱號的澀澤榮一、大倉喜八郎（大倉飯店的創建者）、三井物產的社長益田孝、三菱的創辦人岩崎彌太郎。

新成立的公司稱作「Japan Brewery Company」，出資者幾乎都是日本人，可以知道日本的商人們已經嗅到了啤酒將帶來的商機，「Japan Brewery Company」也就是麒麟啤酒的前身。

麒麟啤酒的誕生

啤酒在日本逐漸引起消費者注意跟西洋料理的普及也有關係。本來不吃肉的日本人，為了強國保種，將吃肉與開化、文明的觀念聯繫在一起，透過軍隊、學校的制度，開始推廣肉類，而東京、大阪的城市也開始有販賣肉類的西洋餐館。

明治初期的西洋餐館也開始販賣啤酒，本來覺得「臭氣沖天」的肉，搭配著「苦味」的啤酒，成了新潮、文明且先進的象徵。

在麒麟啤酒誕生的同一時期，東京的商人們也想要進軍啤酒市場，集資成立了日本麥

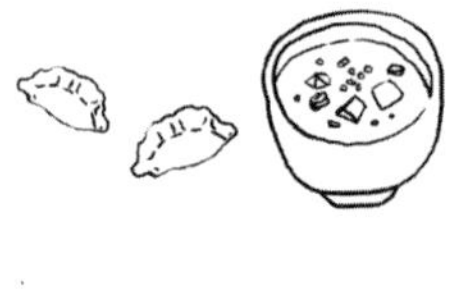

酒釀造會社。麒麟啤酒推出的一年十個月後，「惠比壽啤酒」開始販賣；兩年之後，大阪麥酒公司的「朝日啤酒」開始發行。

當日本人一開始著手製造啤酒時，在英國艾爾啤酒與德國拉格啤酒之間選擇，他們認為德國比起英國的啤酒來得清淡且不苦澀，適合日本人的口味（就是日本人所說的「淡麗」口味）。所以大部分的酒廠採取的都是從德國學來的拉格啤酒（拉格啤酒的前身是捷克皮爾森〔**Pilsener**〕啤酒）。

日本啤酒的口味苦感適中，沒有嗆嗆的碳酸感，濃度不大高，酒精濃度約略在百分之四至五之間，入喉時較為清爽（在一九九四年私釀啤酒解禁後，啤酒的生產變得較為多元）。

相較於威士忌需要經年累月的時間才能製造出來，啤酒的時間較短，投資的成果比較容易見得到，而且價格便宜，容易打入庶民的市場，這也是為什麼當時日本商人亟欲進入這個市場。

從舶來品到本土製造的過程，大部分都會經過一些改變。出使西方的岩倉使節團參觀英國的啤酒工廠，但是明治年間的札幌、朝日到麒麟所採用的大多是德國啤酒的製法，主要還是為了適應日本人的口味。

除了口味上選擇德國的啤酒製法，行銷策略上也得讓日本人熟悉。明治二十一年，新啤酒釀造好之後，一些股東考慮取個洋味重一點、或是東洋風的名字時，三菱的總管莊田平五郎力排眾議，覺得要讓日本人可以接受啤酒，就得取個東洋味重的名字，但同時又要有點神祕感，以東方神獸為名的「麒麟」啤酒就此誕生。

本來主要是進口啤酒的天下，在明治中期以後，日本所成立的啤酒公司在市場上漸漸地打敗了舶來啤酒。

啤酒黨的誕生

啤酒黨當然不是一個政黨，而是啤酒的飲用人口已經大到成為一個重要的階層。大正晚期到昭和初期，日本國內的經濟景氣好轉，當時產生了一批新興的中產階級，也就是所謂的受薪階層。

受薪階層除了軍人之外，也包含城市當中的記者、公務員、技術人員、作家等，也有很多受過教育的女性成為啤酒黨的一員。

受薪階層的成立代表了相關的娛樂產業也開始產生，咖啡店、舞廳、啤酒屋、喫茶店等都在一九一〇年左右如雨後春筍般的出現，這些場所都是販賣啤酒的場所，而「啤酒黨」這個用詞也在同一時期出現。

本來一開始的啤酒廣告上大部分是西洋的圖像和文字，麒麟則選擇了結合東方的感覺，並且在廣告策略上順應日本人的風俗習慣，鼓勵中元節時也可以送啤酒，使得啤酒不僅成為時髦的飲品，還是慎終追遠的良伴。

除了在啤酒屋和酒吧喝啤酒之外，家中的夫婦也是啤酒商鎖定的對象，當時的廣告除了用一些美女圖作為清涼啤酒的象徵之外，也透過廣告鼓勵夫婦共飲，使得啤酒能夠進入尋常百姓家。

尋常百姓買得起啤酒，在一天工作之餘，或在酒吧、或在家中買杯啤酒，是釋放壓力的時刻、是朋友談心的時刻、是喘息的時刻、也是放縱的時刻。啤酒的確如岩倉使節團所說的，是快樂的媒介，而國民能夠自由自在地享受快樂，就是文明開化的象徵（當然快樂不一定藉著喝酒！）。

最後，提醒大家：「飲酒過量有礙健康。」

第二章

來自中國的日本味

9

沒有比河豚更美味的食物了

河豚究竟有什麼魅力，讓所有人都要冒死犯禁的嘗一口呢？河豚真的有著無與倫比的美味，也有句諺語說：「一吃河豚，百無味。」

為了河豚，值得一死！

自己嗜吃，也喜讀文人談吃，讀蘇東坡的詩，提到：

> 竹外桃花三兩枝，春江水暖鴨先知，蔞蒿滿地蘆芽短，正是河豚欲上時。

讀詩時不知道河豚是什麼滋味？只知蘇東坡看到了蔞蒿、蘆芽，就想到是河豚的季節了！

其後有機會讀到詩後面的故事，緣由是蘇東坡官場受挫，被貶謫到常州時，當地的文人知道他愛吃，所以邀請為座上家賓，一嘗鮮美的河豚。蘇大學士文名滿天下，別人請他吃飯，都希望他品評一

下，說幾句話、寫幾首詩，但蘇東坡只顧著吃，什麼話也不說，直到快吃完了，大師說：「值得一死啊！」

原來河豚有毒，但就算冒死也要吃河豚，可見其美味。在中國的典籍中，很早就知道河豚有毒，東漢王充所寫的《論衡》就討論了河豚的毒性。但是千百年下來，即使知道河豚的毒會讓人致死，還是阻止不了饕客們。

范仲淹也想吃河豚

范仲淹要至饒州當官時，請自己的好朋友梅堯臣吃飯，席間有位從江南而來的朋友說起河豚的滋鮮味美，讓范仲淹也對河豚感興趣。然而梅堯臣即興地作了一首〈范饒州坐中客語食河豚魚〉：「春洲生荻芽，春岸飛揚花。河豚於此時，貴不數魚蝦。……」詩的大意是跟范仲淹說河豚雖然好吃，但容易中毒，不要冒險嘗鮮。

然而後來歐陽修在〈六一詩話〉中大為稱讚梅堯臣的這首詩：「河豚常出於春暮，群游水上，食絮而肥。南人多與荻芽為羹，云最美。故知詩者只破題兩句，已道盡河豚好處。」雖然梅堯臣本意希望范仲淹不要吃河豚，但這首詩反而成為梅堯臣的成名作之一，還讓他有著「梅河豚」的稱號。

宋代已經有不少人留下河豚的美味紀錄，到了明代，河豚的飲食形成了一種文化風尚，尤其在長江下游一代，特別是當時的上海、蘇州、松江、杭州。因為河豚生活在淡水和鹹水的交界，也就是河的出海口，所以在長江下游或是珠江三角洲出海口的河豚量最多。

明代的河豚風氣，根據學者謝忠志在〈直那一死——明代的河豚文化〉中提到每年春天時，江南的河豚奇貨可居，要高價才買得到，很多人爭食卻一豚難求。隨著對於河豚的認識較深，刀工和烹飪的手法也較為精進，發展出專門宰殺和販售河豚的店家，讓春季吃河豚成為一種風氣。

河豚料理也有米其林三星！

河豚的飲饌文化不只在中國流傳，也飄洋過海到了日本，而且還同時發展成精緻和庶

民的飲食文化，目前在中國反而看不到像日本盛行的河豚飲食風氣了。

東京現在是全世界米其林評鑑星星最多的城市，販賣河豚的店家將近一千五百家，但只有一家河豚餐廳獲得三顆星的評鑑。我並不特別追求星級的飲食，但米其林評鑑將西麻布的「山田家」評為三顆星，主要在於他將河豚的飲食文化發展到極致。

在東京時不會特別到「山田家」吃河豚，我追求「當地飲食」，就是在每個地方吃當地最為鮮美的食物。東京的「山田家」並非由東京或近郊所生產，而是由九州的大分縣所空運來的河豚。

「山田家」的本店也在九州的臼杵地區。春季到九州賞櫻，從山上的野菜吃到海裡的鮮味。到了臼杵地區，不過四萬人的小城市，面對著九州和四國間的豐厚水道，河豚盛產於此處的海域，為什麼生長在海裡的會叫河豚呢？

河豚不在河裡，卻在海裡

原本日文稱河豚為「ふぐ」（fugu），漢字寫成「布久」，後來也有寫成「鰒」，當他肚子充滿空氣時，肚子會膨大，日本人把近海所發現的這種魚類稱為「布久」。當日本人發現中國的河豚和日本的這種魚很相似，就稱之為「河豚」。

「河豚」科的魚類在中國的長江和珠江等流域都有發現，然而稱為「豚」並不是河裡的豬，「豚」有著美味和高級的鮮味之意。所以河豚一開始就和美味分不開關係。

每年春季的時候，河豚會由外海到河口洄游繁殖產卵，出生的幼魚會溯河而上，在淡水的河川或湖泊中生息，等到隔年春天再回到海裡，河豚成熟後會回到江口產卵繁殖，完成生命的延續。

為什麼日本人愛吃河豚？

日本人最早在繩文時代（約西元前一萬年至前三百年）就認識布久，後來受到中國的影響，才稱為河豚。在本州最南端的下關（此處的海域有大量的布久）還出土繩文時代布久的骨骸。

最早在文獻當中出現「布久」的名詞是十世紀的《倭名類聚抄》，後來有好長的時間

「布久」沒有出現於史料當中，或許當時食用的人不多，所以相關的紀載也不多。

到了十六世紀，「河豚」的名稱開始出現，應該是受到中國影響的關係。有趣的是，「河豚」的出現和豐臣秀吉的爭韓戰爭有關。由於當時士兵聚集在河豚產量豐富的地方，所以經常捕撈河豚來吃，但調理方法不對，中毒而死，豐臣秀吉發出「禁止食用河豚之令」，以免誤食河豚中毒造成兵力的耗損。

從豐臣秀吉之後的江戶時代，河豚的紀錄多了起來，在日本最早出版的料理書：《料理物語》就是這個時代的書籍，裡面提到河豚的調理法。《料理物語》保存了很多庶民的料理，寫成的年代大致在江戶時代初期，也就是大約四百年前，河豚料理普及於庶民，並且開始有生魚片的做法，還有用味噌調味，為什麼河豚料理會在當時大為流行呢？

這主要和江戶時代的飲食習慣變遷有關，德川家康建都江戶，濱海的城市也讓居民們開始熟悉海魚，並且發展出調理方法，河豚也逐漸被當時的廚師所認識。然而，當時的庶民雖然開始吃河豚，但時有中毒的情形，因其沒有完全了解河豚毒性的來源。

河豚的毒性有多強？

在這樣的情形下，幕府對於武士階層，發出食用河豚的禁令。當時河豚產量最大的長州藩大受打擊，也種下了之後長州反幕府的怒火。長州的大城下關被稱為「河豚之鄉」，日語的河豚本來稱為「ふぐ」（fugu），但在下關唸成「ふく」（fuku），漢字寫成「福」，就是幸福的象徵，對於長州人來說，吃河豚不只是飲食，還和美好生活的想像有關。

明治維新之後，仍然對於河豚發出禁食的命令，直到明治二十一年（一八八八），出身長州的總理伊藤博文到下關訪問的時候，公開的在「春帆樓」食用河豚，逐漸放寬對於河豚的禁令。「春帆樓」後來也成為馬關條約簽訂的場所，清國割讓臺灣，當時的全權大使李鴻章不知道是否也在此吃過河豚呢？

河豚的毒性可以致死，原因在於河豚的內臟、血液、皮膚和生殖腺都有毒素，可謂全身都有毒，而且每種不同的河豚都有不同的毒性。中毒的人二十分鐘後身體會開始麻痺，然後呼吸變得困難，後來完全不能動彈，直到呼吸和心臟停止而死亡。

隨著科學的發展，知道河豚的毒素藏於何處，透過衛生和調理方式，可以完全的去除

河豚的毒。在日本有專門處理河豚的料理人，必須通過嚴格的考試和實際的技藝學習，才能取得料理河豚的資格。

為什麼日本政府對於河豚一直發出禁止食用的命令，就是因為太多人想吃河豚了，所以一直屢犯禁令，然而在醫學尚未發達的年代，無法知道河豚哪些地方有毒，所以處理得不好，或是品質不好的店家，就容易鬧出人命。但河豚究竟有什麼魅力，讓所有人都要冒死犯禁的嘗一口呢？

沒有食物比河豚更出色了！

我們先從美食家的紀錄來看吧！知名的陶藝家，也是飲食研究家北大路魯山人說到河豚的美味時提到：

> 河豚的美味其實是很絕對，我敢這樣斷言。因為就算與其他食物相比較，也不可能發現比河豚更出色的了。

河豚的美味，和明石鯛的美味或牛排之類，完全不同層次，就算是令人開心的海參也比不上。法國的鵝肝或是蝸牛，根本無法相提並論，更別提天婦羅、鰻魚、壽司等等了。

看來河豚真的有著無與倫比的美味，也有句諺語說：「一吃河豚，百無味。」

我在日本喜歡到九州吃河豚，常到臼杵的山田家本店吃到河豚的料理。臼杵的山田家在狹小的巷弄內，外表就有著日式料理亭的簡樸與優雅，進去之後則別有洞天，庭園造景和每間和式的包廂都有著設計的巧思。

魚肉可以簡單分為白身魚和赤身魚，赤身魚的脂肪比較多，且富含維他命，最能代表赤身魚的是肥美的鮪魚。白色魚的脂肪較少，味道上比起赤身魚來說較為清爽。最高級的白身魚一般人都說是鯛魚，也有人說河豚的肉質和鯛魚類似，像著名的俳句詩人松尾芭蕉就說道：

何擇河豚湯，分明有鯛確不食，輕率欠思慮。

因為吃河豚容易中毒，所以芭蕉選了和河豚肉較近的鯛魚來吃。但北大路魯山人對於芭蕉的看法卻大為惱怒，說道：「無論是什麼樣的鯛，都不應該拿來看河豚相比……河豚味道的特質，應該更細細品嘗才對。」

至於河豚吃起來的口感究竟如何呢？經我細細品嘗後，由於河豚是白身魚，所蘊含的水分較多，而且纖維質也多，所以吃起來具有韌性和嚼勁。為了適應河豚的肉質，河豚刺身通常會切得相當的薄，讓饕客可以感受到肉質，卻又不至於難以嚼爛。河豚刺身一般會沾上蔥花、帶點辣味的蘿蔔泥和檸檬醋，搭配醬油提升河豚本身的香味。

菊花形

由於日本料理不只講究味覺和刀工，也追求視覺上的美感，所以河豚刺身的擺盤也相當重要。由於河豚切得極薄，透過魚肉看到盤子上的花色、圖案，相應成趣，常見的造型有菊花形（菊盛り）。

菊花形

如果是菊花形的河豚刺身擺盤，得從最外緣開始吃起，逐漸往內吃，越往中心魚肉越厚，口感、咬勁和香味都會隨著魚肉的厚度而增加。河豚刺身只是一頓飯的開場，日本料理善盡每個部位的食材，所以河豚宴也是如此。

接下來的則是重頭戲，雄河豚的精囊，日文稱為「白子」，河豚的產卵期大約在一、二月，所以此一時期的「白子」最為肥美。此為河豚料理店中最為高價的料理，通常用鹽烤或是油炸，將其中的味道鎖住，嘴巴咬下去後，柔軟、溫暖的「白子」流洩而出。

類似火鍋的「河豚雜炊」接著上場，是冬日驅除寒意的盛品，這次的九州行，三月仍然帶點寒

河豚白子

意，在山田家的大廣間，火鍋沸騰時的暖意逐漸上升，鍋中以昆布作為湯底，放著季節的野菜，像是松茸、白菜、春菊、青蔥，加上自家製的豆腐，和河豚肉一起煮，彼此的味道相互混和，季節野菜的甜味、河豚的香氣，豐富了味覺的層次，也溫暖了脾胃。

10

戰爭帶給日本人的味道：餃子

日本的餃子帶著侵華戰爭和滿洲國的印記，後來在日本落地生根，成為國民美食和鄉土料理，又從日本飄洋過海到世界各地。我們跟著餃子去旅行，看到的是文化的豐富性與包容性。

幫餃子立雕像

日文的漢字中有「餃子」（ギョウザ）這個詞彙，發音是Gyoza，但和我們對於餃子的認知有點不同。有在日本吃過他們「餃子」的朋友，或者沒有到過日本，但在拉麵店吃過「餃子」的人都會覺得相當有趣，點餃子的時候，上的是鍋貼，或者說是煎餃，而不是我們吃的水餃。

橘逾淮為枳，由餃子從中國東傳的故事或許可

以說得更清楚，透過飲食，看餃子如何在文化間穿梭，餃子從中國傳到日本的故事，可以看到文化的接觸、交融、轉換，再加以傳播的過程。

餃子對於日本人而言，現在已經是相當普及的國民料理，和拉麵一樣，深入民間、隨手可得，並且每個地方的餃子都會有點不同。我們先到日本最多餃子店的城市宇都宮看看，這裡有一座維納斯的餃子雕像。

宇都宮在日本關東的北部，從東京往東北地方的大城，也是栃木縣的縣治，這裡是日本最多餃子店的地方，光是宇都宮市，就有上百家的餃子店，還有一尊知名的餃子維納斯像。從宇都宮車站的西出口，在人行天橋的下面有一尊以維納斯為造型，但維納斯卻被餃子所包覆的石像，這尊石像相當出名，宇都宮的人都知道，為什麼要刻畫一座餃子雕像呢？

因為餃子是宇都宮人自豪的鄉土料理。其實不只宇都宮，在日本全國各地，餃子堪稱是現代的國民美食，但如果追溯餃子的流行時間卻相當晚，主要在二次世界大戰之後，還與日本侵華、滿洲國的成立有關，我們先從餃子在日本最早的紀錄看起吧！

● 宇都宮市的餃子像

一開始誰在吃餃子？

雖然餃子在江戶時代並不普及，但已經留下一些紀錄，當時很多與中國有關的事物，都跟著名的儒學者朱舜水扯得上邊，這位日本有名的儒學者其實是明朝遺民，因為不想降清，將中國的很多文化帶到日本。在《朱舜水談綺》這本書中提到將鴨肉的餃子獻上給水戶藩的藩主德川光圀（後來大家稱他為「水戶黃門」），據說水戶光圀是日本第一個吃到餃子的人（他也是第一個吃到拉麵的人）。為什麼是鴨肉呢？因為當時的日本人不吃四腳的動物，所以餃子常用的豬肉就變成鴨肉了。

除了朱舜水以外，要了解日本和中國的關

係，也得到長崎，曾經任職長崎奉行的中川忠英，在《清俗紀聞》這本書中提到從浙江商人那邊理解到清國人吃餃子，是一種很像燒賣的東西，由於燒賣較早傳到日本，所以日本人必須要用燒賣理解餃子。

江戶時代幾本關於異國料理的書籍，像是《卓子式》、《新編異國料理》和《普茶料理仕樣》都有餃子的紀錄，當時餃子的做法和現代差不多，就是用薄薄的麵皮加入肉餡，再包起來，但在當時的各種紀錄中提到的都是用蒸籠蒸，而不是放在滾燙的水中煮。

或許是當時傳入日本的飲食習慣都是南方廣東系的料理，點心類習慣用蒸的，所以水餃在江戶時代的紀錄，大部分是用蒸的。但不管是什麼做法，餃子在江戶時代沒有很多日本人吃過是可以確定的。時代往下，我們看看明治維新時候的日本人喜不喜歡吃餃子。

餃子與燒賣傻傻分不清

明治維新對於日本人而言不只是船堅砲利上的革新而已，也不只是西方政治、思想和文明的引進，還包含了飲食的革命，這時開始吃四隻腳的動物，是以前所不吃的，或是不能公開吃的，而餃子最主要都是包豬肉，所以相較於明治維新以前，有較多的人知道餃子。

如果要了解餃子在日本的普及，我們該如何著手找史料呢？或許可以從兩方面思考，一個是當時餐廳的開設，思考餃子餐廳鎖定的族群是誰？其二就是從料理書當中追尋。前者我們可以從電話簿、介紹美食的書、旅遊雜誌開始。或許也可以從一些報紙的文章，美食作家的評論開始找起，我們先看看當時日本中華料理的流行狀況。

吉田誠一的書《美味且便宜的中國料理哪裡找？》提到一九二〇年代東京的中國料理店大量增加，總共有兩千多家。然而，餃子店的相關材料很少，因為大部分的中華料理都是賣廣東、上海菜系，沒有北方人常吃的水餃，只有南方的蒸餃。

我們來看看二次戰前的料理書和食譜好了，相較於餐廳，這是平常主婦在家中烹飪的菜色，看看其中是否有餃子的蹤跡。從草野美保的研究中，她從味之素飲食文化中心（味の素食文化センター）和國會圖書館中整理出所有中華料理關係的書籍、雜誌，在總數七百三十種的書中，有餃子的只有五十種，時間從明治二十年（一八八七）一直到二次大

戰。

此一時期的料理書中可以看到對於餃子的認識較多，不只是蒸餃子、還有水餃子、煎餃子的做法，在料理書中都有介紹。但日本人此時還是不大認識餃子的，雖然從料理書上看到餃子，但這時的料理書不像我們現在的圖文並茂，有些還有精美的圖片，讓人一看就懂，並且按圖索驥，當時的料理書要讓日本人了解什麼是餃子，必須從他們所理解的料理中介紹。所以這時的料理書說餃子像「柏餅」和「豚饅頭」。

什麼是「柏餅」?薄薄的外皮，裡面包著甜蜜的紅豆餡，端午節時中國人吃粽子，日本人吃柏餅。日本的關西人還有吃粽子的習慣，但關東人吃柏餅是江戶時代中期才發展起來的習俗，柏餅可以分為紅豆餡和味噌餡，為了區分兩者，會將葉子反過來包。因為怕一般人不知道餃子是什麼，所以此一時期的料理書透過日本的甜點「柏餅」加以介紹。

另外還有說餃子像「豚饅頭」，日本的饅頭和我們對於饅頭的認識不大一樣，他們經常在饅頭中包紅豆餡，所以為了區別於一般的饅頭，「豚饅頭」的意思就是其中加豬肉的饅頭。在石森延男的書中，餃子（豚饅頭）的做法是以豬絞肉、蔥、生薑、白菜混和後的餡包上水餃皮再去蒸。

有趣的是，放在水中煮的水餃，當時的日本人稱為「中國北方的燒賣」（北支の燒賣）。日本人還是將餃子與燒賣視為同一種東西，是點心的一種，而不像中國北方將水餃視為主食。

二次戰前的餃子雖然在日本已經有些書籍介紹，但還未大量流行成為國民美食，按照學者田中靜一的研究，餃子會在日本盛行是因為日本侵華的關係，大量的日本人進入中國戰場，而且主要的地點在滿洲、華北。除了軍事人員外，眷屬和相關的人員也到中國居住，當時北方的飲食習慣，像是麵食、包子或是餃子都成為日本人較為熟悉的食物。

來自滿洲的味道

二次世界大戰之後，日本人吃不飽，我之前在《和食古早味》中提到拉麵的故事曾經說到第二次世界大戰結束，百廢待舉的日本，糧食供給不足，加上很多從外地回到日本的軍人，饑荒的嚴重性比起戰爭期間更加嚴重。他們沒有廚房，有些人甚至連家都沒有，需

要快速能夠滿足飢餓的食物。在這樣的時候，拉麵大為流行。

除了拉麵以外，餃子也在這個時候大量的普及，從相關的紀載來看，一九五四年（昭和二十九年）在東京只有四十家的餃子店，其後每個月增加二十家。當時的雜誌和報紙也有注意到，認為餃子店的普及是因為戰後大量的人從大陸回來，餃子是他們在中國接觸到的食物，帶點懷舊的感覺，還用「追尋滿洲的味道」作為廣告。

戰後初期餃子的流行比起拉麵還要快速，大量的日本士兵和隨行人員在戰後生活無以為繼，為了要生活下去，開始想要做些生意，而餃子比較不需要太多的設備，相當好入手。這些曾經在中國吃過餃子的日本人，在日本開起餃子店，一開始在大都市，後來廣布到全國，兩、三年之間全國都開設餃子店。

日本知名的飲食雜誌《dancyu》做過相當多次的餃子特集，所謂的餃子老店也不過是從戰後開始，從雜誌所刊登的一百八十五家中來看，幾乎都是戰後才開始營業的。我們從一些店家的名字也可以看出和滿洲的關聯，像是東京的「滿洲里」、久留米的「滿洲屋」。

但日本人向來不大吃絞肉，也就是餃子的內餡，是什麼樣的契機讓他們吃呢？

饑荒讓餃子開始流行

從滿洲回來的相關人員除了在日本開餃子店外，餃子走進尋常百姓家，也是因為戰後對於豬肉飲食的接受。日本人本來在明治維新以前不大吃四隻腳的動物，後來透過軍隊的推廣，並且改造自身的飲食文化，像是豬排飯的創造，讓本來不吃豬肉的飲食習慣逐漸為大家所接受。

可是，敢吃豬肉的日本人，對於內臟或豬絞肉在二次戰前還是有點敬謝不敏。內臟的推廣主要透過留日的韓國人，所以成為後來的「日式燒肉」，而豬絞肉則是透過曾經待在滿洲的日本人，將以往的飲食習慣帶回來。

戰後日本人會開始注意豬絞肉，也是因為饑荒的關係，戰爭期間的糧食短缺到了戰後更加嚴重，本來日本帝國的食物很大一部分倚靠殖民地韓國和臺灣的供應，日本國內的男丁大部分都棄農從軍。二次世界大戰結束之後，數百萬的軍人從中國、臺灣、韓國等地回國，食物的供應成為重大的問題。

六百萬的日本人回到本土，回到日本之後的那幾年，稻米歉收，本來不吃豬絞肉的日本人，在沒得吃的時候也無法挑三揀四的，豬絞肉成為戰後日本人很重要的蛋白質來源之一。

戰後在日本所開的餃子店大部分是日本人自己開設的，由中國人所開設的餃子店很少，一直要等到日本和中國建交後，很多留在日本的中國孤兒，回到家鄉探親之後，他們才了解到家鄉的人是吃餃子的，回國後也在日本開設餃子店。在東京的蒲田所開設的「金春」和「歡迎」都是留日的中國遺民所開設的餃子館。

為什麼在日本的中國人沒有開餃子館呢？主要是因為他們和日本人的飲食文化不同，這就得從餃子怎麼變鍋貼（煎餃）開始說了。

從餃子變鍋貼

現在日本各地賣的「餃子」，其實中文會說他是鍋貼、或是煎餃，但日本人在二次戰前對於水餃和鍋貼的差別是知道的，從一九三二年（昭和七年）的《月刊 食道楽》雜誌

三月號就有介紹餃子的發音是「ギャウザ」，其後滿洲國建立，也有介紹「鍋貼（コーテイ）」。但是，現在的日文稱餃子「ギョウザ」則還沒有出現。所以為什麼日本人後來會把餃子當鍋貼，顯然在滿洲國和二次戰前找不到答案。

我們還是得把餃子變鍋貼的原因放在二次戰後，我們看一些當時人寫的隨筆，演員古川綠波寫過《綠波的悲慘食記》（ロッパの悲食記），其中記錄了戰後剛開始賣餃子的店家，提到東京澀谷很多新興的餃子店開幕，都是從滿洲回來的相關人員所開，這時候的餃子店都賣水餃和煎餃，但鍋貼用來搭配蔬菜、飯和麵，是相當不錯的組合。

從這樣的紀錄中就可以看到飲食文化的差異了，水餃在中國北方可以成為主食的一種，吃個一、二十顆一餐飯就足夠了。但在日本並非如此，以米食為中心的日本，因為鍋貼用油煎過之後，香氣四溢，適合下飯，搭配蔬菜，成為配菜的一種。在日本，餃子（鍋貼）後來搭配辣油，也是為了配飯，增加食欲，而拉麵店的餃子，並不是主食的一種，也是作為拉麵的配菜而興起。日本人始終將餃子作為一種配菜，也才有後來的「餃子定食」，搭配主食的飯、味噌湯，並且使用辣油開胃。

二次戰後不僅很多餃子店在全國各地開設，NHK的〈今日的料理〉也在節目上教主婦們手做餃子的方式。〈今日的料理〉是日本人逐漸富裕起來之後，電視機大量製造時所放送的節目，對於飲食文化的影響相當深刻，特別是家庭料理。

除此之外，餃子的傳播還跟冷凍設備的引進有關，一九六〇年代冷凍倉儲的設備逐漸成熟，而且一九六一年，日本的冰箱普及率達到百分之五十，過五年就達到了百分之百。大型的食品公司開始推出冷凍餃子，方便餃子在家中食用，也使得餃子更加普及。

流入尋常百姓家的餃子

餃子成為日本的國民美食後，也逐漸產生了地方化的特色，每個地方的人也都為餃子的多樣化提供了更多在地的創造。琦玉的宇都宮和靜岡的濱松，在日本都以餃子知名，其實一開始這兩個地方都有很多滿洲回來的軍人。然而，雖然兩地的餃子都從中國而來，但口味卻不大相似，宇都宮的餃子店雖然有上百家，口味卻大多類似，這裡的餃子口味較為清爽，因為其中含有大量的蔬菜，所以外表酥脆的餃子，裡面卻是相當多汁，也較符合日本清淡的飲食習慣。

濱松的餃子則是用當地的高麗菜做成的，濱松的餃子在戰後興盛的原因還跟工廠有關，本來不習慣外食的濱松人，戰後從滿洲回來的相關人員在路邊攤販賣餃子，工人下班後，聞到香酥的餃子就順便帶回家。

在九州北部的八幡市，以往是大型製鋼廠的設立點，從明治晚期開始，因為鐵礦石要從中國輸入，此處和中國的交往就比其他地方頻繁，加上北九州的中國移民也不少，此處較早就流行餃子。因為鋼鐵廠的男性需要便宜且能餵飽肚子的食物，餃子的特色就是用一點點肉，外面的皮煎得酥酥脆脆的，吃下去很快就能得到飽足感，和拉麵在日本傳播的方式有點類似，而八幡這個地方，餃子店和拉麵店都不少，反映這兩種食物庶民的個性。八幡餃子的特色在於使用九州特產的調味料柚子胡椒，其中加了羅漢橙的皮、青辣椒和鹽，在餡中加入這種調味料，使得九州人吃得到家鄉的熟悉感。

相較於宇都宮的餃子比較小且清淡，三重縣津市的餃子就以大出名，相當於一個手掌大，直徑十五公分的皮所包的餡，一次賣一個，而且是直接油炸，吃一個就很飽了。

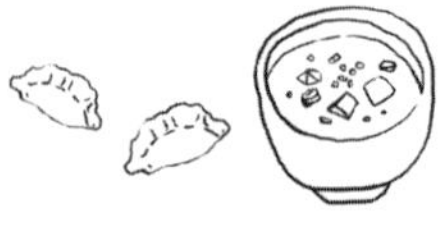

不只這幾個地方，像是福島、神戶、川崎、宮代的餃子也各有特色，從一個外來的食物，日本人改造它，並且加以地方化，在每個地方以不同的方式生根。除此之外，近年來，日本的餃子也嘗試到國外開店。

從日本走向世界的餃子

知名的餃子連鎖業者「餃子の王将」在日本有最多的餃子連鎖店，全盛時期將近七百家，一九六七年起源於京都的「餃子の王将」二〇〇五年進軍中國，在大連開了幾家店，還打出了口號：「餃子王將凱旋回到餃子的母國」，然而經營成績卻一點都不凱旋，因為業績不佳後來都收掉了。

「餃子の王将」在中國失敗的原因主要在於飲食習慣的差異，他們推出「拉麵和餃子的定食」，但大連人並不習慣吃這樣的餃子，而且中國人上館子主要是點合菜，和家人朋友們一同分享，對於這樣的飲食習慣，「餃子の王将」沒有察覺到，使他們在中國市場遇到挫折。

● 炸餃子

在中國以外的市場，日式的餃子在全世界的風行主要因為拉麵的傳播，日本人習慣吃拉麵配餃子。拉麵從二十一世紀開始，成為日本食物的重要象徵之一，並且進入全世界的市場，像在洛杉磯的「Daikokuya」或是紐約東村的「Momofuku Noodle Bar」都是帶點年輕化且潮流的食物。在洛杉磯或是紐約以外，北美幾乎每個較大的城市都有拉麵店。

不只北美，歐洲市場也非常歡迎日本的拉麵店，從法國、德國、英國、西班牙到義大利，拉麵的店家也在持續的增加。隨著拉麵店進軍世界，日式的餃子也被西方人所認識，在巴黎還有「Gyoza Bar」，吃的方式就是日式的餃子，附上飯和日式

的小菜，相較於中國市場的失敗，法國人似乎較能接受日式的餃子。

除了法國以外，全世界的「Gyoza Bar」也在倫敦、溫哥華、新加坡等地開設，除了有原本日式餃子的感覺，也會隨著當地的飲食文化做調整，主攻的市場是較為平價的料理，年輕人、學生和一般上班族在平日的午後和晚餐可以花點小錢，就可以輕鬆地享用，透過這樣的策略，也逐漸將日式的餃子文化滲透在世界的各大城市。

餃子從中國東傳日本，帶著侵華戰爭和滿洲國的印記，卻在日本生根，成為國民美食和鄉土料理，又從日本飄洋過海到世界各地，跟著餃子去旅行，我們看到的是文化的豐富性與包容性，也見證了無數人的歷史。

11 屬於日本的中華味

在中華料理亭大家沒有期望吃到太美味的東西，而是能吃到熟悉的味道。中華料理店經常吃到餃子、炒飯、炒麵、什錦麵、餛飩麵、麻婆豆腐，但其實都已經不是在中國原來的樣子，那是日本改造後的中華味。

以前看日本影集和漫畫，都可以看到中華料理屋的外送，拿著特製的盒子，裡面的拉麵盛放在碗中，騎著腳踏車或摩托車外送。由於拉麵都是湯湯水水，一手騎車，一手提著，到了客人那邊還沒有濺出湯汁，堪稱雜技。

用完餐之後，客人會將碗盤送回店家。如果已經關門了，就擺在門外。回收餐盤再利用，相當有環保概念，而且這樣的中華料理店存在各個庶民居住的場所。

我記得在看木村拓哉和山口智子演的《長假》的時候，他們常去的一家中華料理店「萬金」，裡面最特別的就是餃子和麵食。除此之外，中華料理店必備的一定有炒飯、炒麵、擔擔麵、麻婆豆腐、

回鍋肉，有時還會看到日本人常吃的洋食，像是：豬排飯、咖哩飯。

平價的中華料理存在日本的大街小巷，因為太過常見，日本人有時會稱之「中華店」，有些人會稱之「拉麵店」，但和那些強調湯頭的職人拉麵店又不同，也和高檔精心烹調的中華料理店不同，平價的中華料理隨處可見，而且其中很多中華料理都是日本人自己改造過的，像是天津沒有的天津飯、換成日本口味的麻婆豆腐、和中國不一樣的擔擔麵……橘逾淮為枳，融入日本的飲食文化中。

最近還有人專門成立探險隊，想要了解在每一個街區都存在的大眾中華料理，這些餐廳有時候被稱為拉麵或中華店，隨處都可以看見，他們稱這樣的店叫做「町中華」，後來還寫成了一本調查的成果《歡迎光臨町中華》，我們來看看如此滲入民間的中華料理的味道吧！

一開始帶有異國風情的中華料理店

在日本的中華料理店很多都有類似的名字，像是「XX軒」最常見，再來常見的就是

「XX亭」或是「XX樂」，我常看到的「喜樂」、「來來軒」就經常出現。

日本料理的口味較為清淡，中式料理的煎煮炒炸比較不適合日本人的口味。在明治維新以前，日本人不大吃四隻腳的動物，在橫濱、神戶、長崎等港口城市都有中國人，他們吃的麵食，湯麵大部分是豬肉大骨熬煮，沒有接觸過豬肉的日本人，無法接受豬的腥味。

後來所有中華料理店都吃得到的「天津飯」，感覺應該要來自中國北方的港口城市天津，然而，「天津飯」卻是粵菜中的芙蓉蛋加以改造，作法是將蝦仁、蟹肉和豆芽菜與雞蛋一起炒。在粵菜中的芙蓉蛋是單獨上菜，但到了日本，結合了日本人愛吃「丼」的飲食習慣，將芙蓉蛋放在熱騰騰的白飯上，就成了「和製」中華料理。至於為什麼用「天津飯」加以命名，有一說是來自天津的馬蓮慧所發明，但也有說是淺草「來來軒」所發明。

生活在明治時代的人，雖然有中華料理的餐廳，但還沒有普及。一般民眾想起中華料理，有點異國風情的感覺。元祖老店「大勝軒」在日俄戰爭結束的時候，本來是經營油品有成，遇到廣東籍的廚師林仁軒，煎煮炒炸都需要油品的中華料理，很適合作為事業的延伸。因為「大勝軒」經營得很成功，開始在東京不同的區域開枝散葉，後來又有不少中國

廚師投入，讓日本人逐漸知道中華料理的味道。

從中國戰場回來的日本人

有一回我到日本，想要尋找臺獨教父史明曾經在東京開的中華料理亭。由於戰後史明在東京籌措幫助臺灣獨立的資金，他想到的方法就是賣中華料理，其中最熱門的是餃子和大滷麵。

本來只是路邊攤，後來成為店面，史明的店名叫做「新珍味」，吸引很多日本人來吃，還讓他買下了一棟樓。不僅史明的店賺錢，很多從中國戰場回來的人，在日本開中華料理店都賺錢。

撇開史明開的店不說，如果看很多中華料理店的名字是「哈爾濱」、「滿洲」，或是最早賣餃子的多少都跟戰後返回日本的遣返者有關。中國的餃子一般都是水餃，煎餃稱不上是大家常吃的食物，用薄皮包裹餡料以鐵鍋煎熟的方式，在日本才成為主流。

日本發動大東亞戰爭，有很多人在朝鮮、滿洲、臺灣、千島群島和南洋諸島居住過。其中以中國與滿洲最多，超過兩百萬人，戰前的中華料理店主要賣的是燒賣，戰後中華料理店的主流則是煎餃。

煎餃在中華料理店有的做成定食，有的做成套餐，也很適合搭配啤酒，甚至出現了餃子的專賣店。但中華料理店將煎餃變成菜單上不可或缺的一部分，主要在戰後。

餃子流進日本中華的料理中，具有滿洲風格的飯店也留在日本的中華飯店中。我曾經造訪東府中的「松阿里」飯店，相較於其他小的中華料理亭，這間是四層樓的樓房。整間店有昭和的懷舊氣氛，外面還有食品模型的陳列櫃，裝潢典雅。

本來在戰後賣餃子和大滷麵的平房，後來改成四層樓的建築，可以知道賣中華料理有多好賺。現在的老闆已經是第三代，但創業的老闆是日本人，在哈爾濱生活過，第二代在當地出生，店名跟滿洲的松阿里江（松花江）有關係。

如果仔細看松阿里飯店的裝潢，有點混和文藝復興與新藝術的樣式，讓我有點迷惑，為什麼中華料理店有這樣的風格？但當我想到哈爾濱因為在中國東北，俄羅斯文化影響這裡很深，有不少相關的建築，受到西方的樣式所影響。應該是出生在日本的滿洲人看

到這裡的建築時，將建築帶回日本，但在餐廳中賣中華料理。

哈爾濱在滿洲國時期，日軍將這裡建造出具有歐式風格的城市，所有來到這裡的日本人，可以感受到歐風，沒想到回到日本的日本人，一邊回憶著在滿洲的日子，一邊想起哈爾濱的建築，賣起了中華料理。

說起戰後的中華料理，餃子和麵食的普及是一項很重要的特色。但是，我們仔細想想，日本人本來是以白米為主的民族，不會因為戰爭就改變主食，究竟戰後在什麼樣的因緣下才會讓麵食普及呢？

戰後有一段時間缺米，本來戰爭期間就缺米了，但是因為大量的軍人前往前線作戰，而且日本本土以往大量倚賴殖民地的米，本土的男人都前往前線作戰，沒有辦法投入農事，讓戰後的農作更加歉收。

麵粉在日本的產量本來就不多，何以餃子和拉麵等麵食會在日本流傳起來呢？如果回顧當時的麵粉，市面上流傳的並不是日本麵粉，而是美國麵粉。美國的救援組織知道戰後的日本人缺糧，送來了大量的麵粉。除了運用在平常學校製作的營養午餐，同時流入了黑市，成為拉麵店、餃子店和中華料理店麵食的來源。

如果我們回顧臺灣戰後的歷史，因為美國麵粉的援助，讓很多到臺灣的外省籍移民可以有麵粉製作麵食，讓本來不習慣吃麵食的臺灣人，逐漸習慣饅頭、牛肉麵、陽春麵……等各種麵食，成為現在大街小巷都可以看到的麵食。

透過大量從中國回來的日本人，他們在戰場熟悉麵食，再加上原料來源的充足，戰後中華料理店有些開始賣起拉麵、有些賣起餃子、有些是豆芽麵、什錦湯麵。當民生狀況比較好的時候，豬肉取得較為容易，就出現了叉燒麵。

中華料理店的味道

我們如果回想中華料理店的味覺，可以很清楚地勾勒出重口味，重鹹、重油，現在講究調味清淡，中華料理好像有點不合時宜。但中華料理一定要是重口味，吃飯的速度也要快，那種庶民氣質就是圍繞著這樣的餐廳而存在。

經常造訪中華料理的人，一定可以感覺大快朵頤的吃完飯之後，會特別口渴，舌頭上

還有麻痺感。我對味覺相當敏銳，知道很明顯加了味精。

如果回顧日本吃味精的歷史，昭和三十年至四十年（一九五五至一九六五）在一般家庭的餐桌上，除了醬油與鹽之外，普遍加入食物的調味料也有味精。路邊的中華料理店可以說是家庭餐桌的延伸，當平常不知道要吃什麼的時候，很多家庭都會選擇到中華料理亭用餐。

在中華料理亭大家沒有期望吃到太美味的東西，而是能吃到熟悉的味道。然而，在中華料理亭還能吃到家裡以外的味道，因為日本的家庭瓦斯爐的火候沒有中華料理亭來得強大。食物的鑊氣，大火烹調的熱度使得中華料理亭有著熟悉的味道，又有上餐館的感覺。

中華料理店經常吃到餃子、炒飯、炒麵、什錦麵、餛飩麵、麻婆豆腐，但其實都已經不是在中國原來的樣子。麻婆豆腐在日本帶點甜味，有時還會加入八丁味噌，讓日本人吃到熟悉的味道。原來四川既麻且辣的麻婆豆腐在日本沒有市場。

除了沾染日本味的料理，中華料理店還有賣日本人常吃的豬排飯、蕎麥麵、咖哩飯，有時候菜單上的料理多達百樣。從飯類、麵類、下酒菜，再加上洋食，日本人所熟悉的食物在中華料理店都有。通常中華料理店都是夫婦共同主持，老闆負責煮飯，老闆娘負責外場，即使百道料理，點餐之後不到十分鐘就能上菜。

在庶民的中華料理店，和那些大飯店的中華料理亭吃到的不大一樣。花大錢到飯店吃一定要有特殊的手藝，而且講究食材的來源，但庶民的料理店則是要有日常的滿足感。一邊看著牆上的電視，或是下班後回家前，想要快速的解決一餐，能夠讓顧客感受到「一般般」的餐點，吃完揮揮衣袖，不會特別想什麼，但是下次不知道要吃什麼的時候就會自然地走進去。

走進庶民的中華料理，在戰後店家大量的增加，成為庶民記憶的一部分。現在有很多店家老闆已經年邁，每次拜訪的時候，看到七十多歲的老闆拿著鍋鏟快速的翻攪鍋內的食物，速度之快令人咋舌。但沒有年輕的一輩接手也讓人惋惜，朝日電視臺在二〇一八年有做過「沒事逛逛町中華」，對於現代的日本來說，那裡帶有一種懷念昭和時代的氣氛。

不知道再過二、三十年後，這些曾在大家小巷的中華料理亭是否還會在街角的一隅呢？

第三章

庶民的日本味

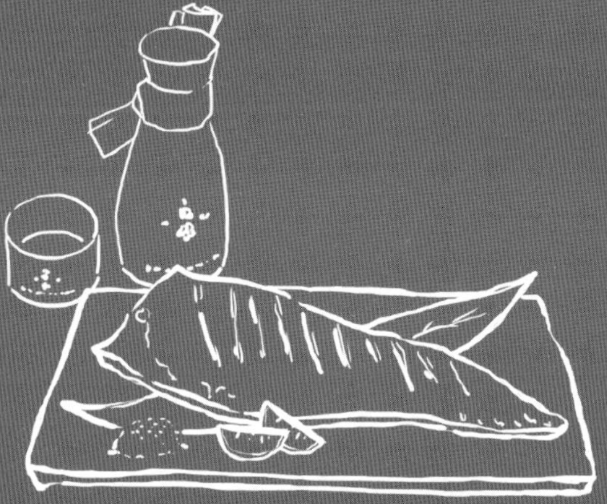

12

從江戶喝到東京，居酒屋的前世今生

現在臺北的大街小巷中，充斥著各式日式居酒屋，那是下班之後放鬆心情的地方、朋友們歡聚的場所，也是枯燥上班日子的綠洲，讓人在小酌一番之後，還有心情面對明日的工作。但你知道居酒屋這樣形式的餐飲店，是怎麼產生的嗎？

東京是居酒屋的故鄉，根據平成十八年（二〇〇六）的《外食產業統計資料集》統計，東京有超過兩萬三千家的居酒屋和啤酒屋，除以東京的人口數，平均五百四十六人就有一間。居酒屋這種形式的餐飲店是什麼時候開始有的呢？我們得回到兩百年前的江戶時代。

當時江戶約有一百萬人，堪稱世界上最大的城市，根據幕府的報告，有近兩千家居酒屋，除以江戶的人口數，約五百五十三人有一間居酒屋。這樣的比例與前述現在東京的情況，十分接近，由此可見居酒屋是超越時空的存在，是東京人生活的重要場所。而江戶時代的居酒屋也反映出日本近代社會文化的轉變：外食的興起與燦爛的庶民生活。而從

飲食文化來看，很多影響仍具體地展現在當代的日本。

世界上最大的外食城市

慶長八年（一六〇三），德川家康結束日本的戰國時代，開啟了以江戶為首的新時代。江戶作為一個新興的城市，很多「參勤交代」的武士必須到江戶述職。除此之外，當時各階層的人也聚集至此，多是招募而來的男性，使得江戶成為一座非常陽剛的城市。男性在工作結束之後會去哪兒呢？不是到紅燈區吉原遊玩狎妓，就是找買酒的地方。

江戶中的販賣飲食之處稱為「煮賣茶屋」，提供簡單的飯菜和湯品、茶類等飲料。但問題來了，當時的房子主要為木造，經營的餐廳也是，而營業必須用炭火，風勢一大，一不小心就容易燒起來，往往引起連環大火。從德川家康定都江戶之後到十七世紀中期的五十年間，大小火災不斷，這對居民而言，比起戰爭還可怕。

而其中最有名的「明曆大火」發生在十七世紀中期，在寒冬的一月連續燒了三天，江戶城一半被燒毀。據說燒死十萬兩千百餘人，比後來的關東大地震和美軍空襲死亡人數還多。大火之後，幕府重建江戶，除了擴大道路、加強防火演練之外，還頒布了夜間營業的禁止令，規定茶屋晚上六點以後禁止使用燈火和販賣飲食。然而，幕府的宵禁阻止不了茶屋的生意，因為晚上還是得吃飯，除非大家都回家自己煮，不然禁令只是枉然。

為什麼幕府的禁令無法執行？當時的人那麼喜歡外食嗎？為什麼不回家煮飯呢？男女比例極度不平均的江戶，外來人口大部分都租房子住，江戶時代中期的租房率高達百分之七十（現在東京的租房率約百分之五十），租房子本來就不方便下廚，加上當時缺乏冰箱，也沒有現代的水龍頭、瓦斯，所以江戶人多賴外食，可以說是近代以前最大一批外食的族群。

酒從何處來？

「居酒屋」為什麼不直接稱「酒屋」，而要加一個「居」字？差別何在？熟悉日文的人就知道「居」的意思是指在裡面，在酒屋裡面就是「居酒屋」，從茶屋獨立出來的居酒屋重點在於酒。上居酒屋的人一般收入不高，不可能喝太貴的酒，所以想喝到便宜、划算

的酒，成了居酒屋誕生的重要契機。

江戶的酒從何而來？主要從近畿，也就是京都附近運送過來。日本近世釀酒業最大的改變就是發明了「諸白」的製作方式，這是指麴米和卦米都使用精白處理的白米。而「入火」（一般清酒於釀成後會以兩次低溫殺菌法停止殘存酵母菌的活動能力）方式的發明，也使得清酒的保存期限較長。保存方式改良之後，加上使用大型的釀酒槽，開始能大量生產品質好且便宜的酒，替清酒工業打下了基礎。

近畿地區製造的清酒要運送到江戶，以往採用陸運，但是曠日費時，加上江戶對酒的需求量大增，便改為速度快且運送量大的海運，由關西神戶附近的「灘」（今日神戶東面的海灘）運送至江戶。除了從關西運送大量的「灘酒」至江戶，愛喝酒的江戶人也開始製造當地的「地酒」。

愛喝酒的江戶人

十九世紀前半，江戶市民每年喝掉約九十萬樽的酒，如果換算成公制，超過五萬六千七百公升，除以當時江戶的百萬人口，每人每天喝掉一百五十五毫升的酒。現今的東京人每天只喝掉十五毫升清酒，如果加入啤酒、葡萄酒計算，每日三百毫升左右，但不管是啤酒或是葡萄酒，酒精濃度都比清酒來得低，可以想見江戶人當時多愛喝酒。

當時的大阪人賣酒賣到手軟，不僅關西人覺得關東人愛喝酒，連到日本傳教的傳教士對江戶街上的印象都是充滿了喝醉、嘔吐、倒地不醒的人。德川幕府後來發出禁令，五代將軍綱吉打算對製造酒類課較重的稅，使得酒價較貴，然而受到強烈反彈，令出不行，幾個月就廢止。

即便如此，德川幕府還是加強取締所謂的「酒狂」（爛醉如泥的人），而如果因為酒醉而殺人者處死，傷人者則嚴懲。或許是因為男女比例相差太多的關係，江戶男兒只能在下班之後靠買醉度過煩悶的日子，常常互看不順眼就大打出手。

江戶人大量喝酒，也與居酒屋的營業時間有關。現在很少看到早上營業的居酒屋，即使有，也很少賣酒。但江戶時代的居酒屋一早就開始營業，而且提供酒。除此之外，不少通宵營業的居酒屋多開在「遊里」旁邊，什麼是遊里？就是官方認可的吉原，有藝妓、娼

妓等，是男人晚上遊玩的地方。吉原是官方認可的場所，但還有所謂的「岡場所」（私娼寮）。歷史紀錄中，江戶有六十九處私娼寮，雖然沒有得到官方許可，一樣人來人往、絡繹不絕。居酒屋多開在遊里與岡場所旁邊，供尋芳客補充體力。

吃什麼？居酒屋的菜單

「酒屋」只賣酒，而且不提供坐椅和小菜，但居酒屋則結合了飲食與喝酒的需求。現在東京的居酒屋，其菜單都各有特色，有些還有主題性，而江戶時代的居酒屋菜單又如何呢？先這麼說好了，當時的居酒屋有點像臺灣的自助餐店，只是增加賣酒的服務。

菜單中，「吸物」和「取肴」是最重要的菜式。現在日本料理的「吸物」指的是清湯，但是江戶時代指的是「一汁三菜」，汁指的是味噌湯；三菜則是居酒屋所準備的三道特色小菜。除此之外，還附上飯。而「取肴」按字面的意思就是用手取來吃的菜餚，但是在居酒屋則有特別的意涵，指的是下酒菜，希望客人不會因為空腹喝酒而傷胃。

居酒屋提供的肉類就是江戶灣捕撈的新鮮漁獲。現在生魚片中的「王樣」——鮪魚，在江戶時代是較廉價的魚類。《彙軌本紀》提到：

> 鯛魚是獻給諸侯的，鮪魚則是下賤的食物。

居酒屋顧客多為庶民，自然無法提供太高級的魚，所以鮪魚生魚片屬於居酒屋的料理。另外，也流行「蔥鮪」，是將鮪魚邊邊角角的肉剁碎，混和蔥一起吃。日本上層階級不太喜歡吃蔥這種味道較重的食物，較低階層的人才吃蔥。而現在常見的關東煮，要到江戶時代晚期或明治時代才出現在居酒屋中。

如果看我的文字敘述不過癮，想一窺當時居酒屋的氣氛，建議讀者可以走訪東京的「鍵屋」，這裡仍維持著大眾酒場的感覺。鍵屋創業於明治時代，原建築已經完整地移到江戶東京建築園，木造的建築裡擺放著塌塌米、斑駁的桌椅，仍可感覺懷舊的古意氣氛。

居酒屋從江戶時代庶民階層（甚至略低於庶民）消費的場所，到現在成為白領階級們下班之後的去處，不管是江戶時代或現代，居酒屋給人的氣氛總是輕鬆、自在的。那裡的

● 鍵屋

食物不算太貴，也不強調珍貴或太花俏的菜式，這樣的氣氛讓人們在工作後得以放鬆心情。

13

大街小巷的關東煮

關東煮的流行很明顯源自於豆腐和醬油的普及化，形塑日本料理最重要的味覺來源就是醬油，而日本料理的東、西差異也在於醬油。關東人喜歡以濃口醬油調味、而關西人則是薄口醬油。日本東、西的飲食文化，可以透過關東煮略知一二。

春日我在東京的時候，喜歡走過隅田川旁的河岸。

春日的夜晚微涼，天氣晴朗，適逢櫻花盛開，風雅的日本人也坐在隅田川旁賞夜櫻。由於晚上只吃蕎麥麵，走著走著便覺得飢餓了起來，微涼的春日不想吃得太油膩，只想來碗熱湯和關東煮。

於是，從隅田川堤離開之後，沿著淺草寺旁慢慢地走向不遠的大多福。

一九一五年開業的大多福是東京關東煮的老店，歷經關東大地震、二次大戰，仍安然地在淺草開業著。走進大多福的店內宛如穿越時光隧道，店內關東煮的高湯熬煮超過半個世紀，以北海道的日高昆布、鰹節和淡口醬油的湯頭甘甜而不膩。

● 浅草大多福

與老闆聊天的過程，我驚訝的發現大多福的高湯是關西風的關東煮，明明是關東煮，為什麼帶著關西風呢（關東指的是以東京為主的東日本；而關西則是以京都、大阪為主的西日本）？

關東煮，日文寫作「関東煮（かんとうだき）」，也稱為「おでん」，但不只有關東才吃得到喔。

關東煮哪裡來

關東煮的起源和幾樣東西脫離不了關係：豆腐、醬油和以鰹節或是昆布熬煮的高湯，其中最重要的則是豆腐，也是關東煮得名的由來。

關東煮的日文發音「O-den」（おでん），日文的漢字也可以寫作「御田」，由此可以看到關東煮的起源來自田樂燒。「田楽」是什麼呢？指的是烤豆腐。

在江戶時代，日本有幾個地方的豆腐最為出色，特別是在京都的寺廟周邊，特別是南禪寺周邊。為什麼呢？從中國東傳的豆腐一開始是寺院中僧人的食物，本來在寺廟中的飲食，後來附近的居民也對這種飲食產生興趣，而逐漸地往一般民眾傳播。

從中國傳入的豆腐，在日本不僅於寺院之中流行，也廣為民眾所接受，或許豆腐的淡味，頗符合日式料理的精神。江戶時代的《豆腐百珍》就記載各式各樣的豆腐做法，其中將豆腐料理分成六個等級，寫下做法並且加以品評。

根據《豆腐百珍》，田樂就是將豆腐以竹籤串過之後，抹上味噌簡單地燒烤，也有加入砂糖或是白味噌、紅味噌燒烤，或是刷上醬油調味。田樂可以說是豆腐料理最基本的調味方式，做法簡單，也最能吃出豆腐的原味。

關東煮很明顯源自於豆腐的普及。除此之外，讓關東煮普及的原因還在於醬油的普及化。形塑日本料理最重要的味覺來源就是醬油，而日本料理的東、西差異也在於醬油。關東人喜歡以濃口醬油調味、而關西人則是薄口醬油。

關東醬油的原料，大豆與小麥是一比一，做出來的醬油較黑，關西人覺得這樣的醬油太濃、太嗆。

由於江戶是新興的都市，除了將軍與武士階層之外，一開始在這裡討生活的芸芸眾生

大多是勞動階層，又以男性居多。濃口醬油的味道較重，提供勞動階級所需的鹽分和口味。

江戶料理就是以濃口醬油為基底的料理。「江戶四大食」：鰻魚飯、蕎麥麵、天婦羅和握壽司，都需要醬油。鰻魚得浸在以醬油為基底的湯汁燒烤，蕎麥麵、天婦羅和握壽司所沾的醬汁也都以醬油調製而成。除此之外，關東煮也需要醬油、昆布和鰹節所熬煮的高湯。

江戶時代初期的寶永年間（一七〇四——一七一一），庶民生活相當燦爛，出現很多餐廳，街道上也出現田樂屋。

田樂屋除了用竹籤串烤豆腐，也考蒟蒻、高麗菜捲和章魚，這些都成為後來關東煮的食材。蒟蒻從平安時代以來，由於日本人不吃獸肉的關係，引進素食的食材，也成為江戶時代田樂屋的食材來源。

關東煮的誕生

從田樂什麼時候變成關東煮呢？其實是等到江戶後期，快要明治維新時才開始有關東煮或是おでん的出現。有人說關東煮最早來源於關西，或許是因為以昆布熬煮的高湯在大阪較多的關係。

幕府時代，大阪作為當時最大的商業城市，開啟了與北海道的交易，當時北海道採摘的昆布大量的運往大阪，大阪的昆布多到成為孩子們的零嘴，也成為熬湯、入菜的選擇，昆布高湯、醋浸昆布絲等料理成為關西味的重點。

區別おでん關東與關西的差別，重點就在於湯頭，關東是以鰹魚、濃口醬油所熬煮；關西則是以昆布和薄口醬油，前者顏色較深；後者味道較淺。

關東煮沾染關西風的原因還在於關東大地震的關係，當時東京很多的田樂燒店倒閉，關西的商人此時趁機進入東京開店，將大阪的味覺帶進東京，像是以薄口醬油所煮成的昆布高湯，就成為後來關東煮高湯的來源。

由於關東煮一直到幕府時代晚期和明治維新初期才成為東京流行的食物，目前在東京仍能找到一些「老鋪」，透過這些老店也可以看到關東煮飲食風俗的改變。像是大正十四年（一九二五）於銀座所創立的「お多幸」，本來是關東風的老鋪，關東大地震之後，也

採用了關西風的醬油。

或許是因為時代的演進，以往濃口醬油的味道太鹹，適合勞動階級，而薄口醬油比較適合現代人喜歡清淡口味的飲食方式。

關東煮得名於關東的田樂，卻沾染了關西風的醬油與昆布味的高湯，日本東、西的差異與文化交流，透過關東煮可以略知一二。

14

娶日本太太很好？日本家庭料理的演變

日本太太每天中午會幫孩子和老公準備「愛心便當」，裡面除了營養佳，每道菜看起來都賞心悅目，這就是記憶中媽媽的味道。然而，當家庭結構開始改變了，餐桌不是凝聚共同回憶的地方，家庭的料理又會如何轉變呢？

以前在我年輕的時候，很多人都覺得娶日本太太很好。一家之主在外面工作到深夜，家庭主婦一回家就幫忙拿拖鞋、遞毛巾，再送上色香味俱佳的晚餐。

媽媽味

除了照顧好老公的健康，日本太太每天中午也會幫孩子和老公準備「愛心便當」，裡面除了營養佳，每道菜看起來都賞心悅目，這就是記憶中媽媽的味道。媒體曾經對日本人心中的「媽媽味」做調查，看看大部分人心中的家庭料理究竟是什麼？

很多人選擇了咖哩飯、馬鈴薯燉肉、味噌湯、玉子燒等等，這些我們在日劇中經常看到的家庭料

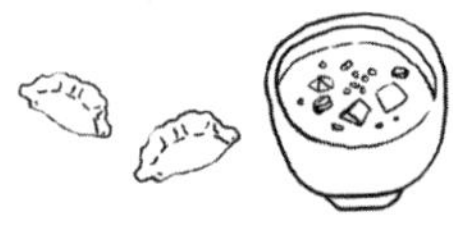

理本來都不是日本人餐桌上的食物。咖哩和馬鈴薯是在明治維新之後接觸西方文化才開始慢慢接受，後來深入家庭。由於日本人覺得「洋食」營養美味，通常會給成長中的孩子食用，所以會成為家庭料理的重要一部分。

味噌湯則是晚餐餐桌上一定會出現的，每個地方都有不同風味的味噌，每個家庭的味噌湯會按自己的喜好加入蔥、海帶芽、豆皮或是魚乾等提升風味和營養的添加料，讓味噌湯成為每個家庭餐桌上必備，但又有獨門配方的菜色。

玉子燒則是在便當中常見的菜色，製作玉子燒並不容易，要在蛋汁當中加入自行熬煮的高湯和調味料，讓玉子燒增加不同的風味。在關東的玉子燒是甜的；關西則是鹹的。由於蛋是成長中小孩所必須攝取的營養，也成為大家記憶中的家庭料理。

然而，家庭料理，或是「媽媽味」，是什麼時後才開始的呢？面對時代的變化，很多婦女必須出去工作，雙薪家庭的家庭料理，又會有什麼樣的變化呢？

家庭料理是符合現代生活所出現的

以往在農村社會的大家庭的煮食方式為了要滿足大家族，吃飯的形態和我們現在的家庭料理不大相同。如果說現在小家庭的料理方式起源，和日本城市化的時間，還有大家進入城市工作有很大的關係。

一九〇三年的料理書中第一次出現「家庭料理」的詞彙，由於上班族的增加，一般中產家庭請不起幫傭，出現了家庭主婦的職業。全職的家庭主婦開始思考每日的餐桌，相關的報章雜誌也開始有家庭版，介紹給主婦們適合小家庭的料理。

專門給主婦們看的《主婦之友》雜誌社在一九一七年創刊，咖哩飯、蛋包飯、燉菜等「洋食」在一開始時都有在雜誌上刊登過，但此一時期日本人在家庭中還是習慣吃和食，仍然以白米飯為主，搭配烤魚、煮物、味噌湯等和風調味的家庭料理。

對於家庭餐桌改變最大的是第二次世界大戰，由於大量的士兵到外地打仗。本來從事農業的男人大批回到日本，但農產無法提供足夠的產量，所以戰後初期日本人普遍過著飢餓貧困的生活。

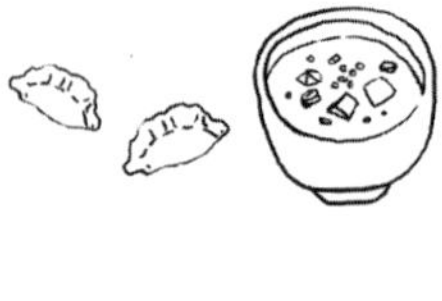

美軍有一段時間接管著日本，給予日本人不少巧克力、罐頭，而且看到美國人每天吃肉、漢堡、沙拉和麵包等食物，讓日本人開始羨慕起外國人的飲食。

隨著日本經濟狀況的好轉，電視臺開播，本來是屬於奢侈品的電視，到了一九六〇年代逐漸走進一般的家庭中。對於家庭料理發展最重要的就是NHK的《今日的料理》節目，後來也有雜誌介紹主婦們如何烹煮家庭料理。當時邀請知名的料理研究家，像是河野貞子、江上登美，他們因為出身不錯，曾經在國外很多地方居住過，熟悉異國料理，在電視上介紹各種西式食物給當時崇拜西方的日本人。

在電視上教起一般人不知道的西洋家庭菜，讓沙拉、馬鈴薯、紅蘿蔔西式的蔬菜，還有牛肉和豬肉等西洋烹調方式深入到家庭。此一時期和風的菜式漸漸淡出日本的家庭料理，由於天然氣的普遍，需要大火和油炸的西洋料理成為「媽媽味」的主流。

我們來看看一九七〇年代《主婦之友》上的家庭料理，想像一下當時的餐桌，像是漢堡排、牛肉燴飯、玉米濃湯、馬鈴薯沙拉、馬鈴薯可樂餅，大部分是日本人改良過後的洋食。這個時候由於中華料理主廚陳建民也在《今日的料理》上教學，讓主婦們逐漸熟悉麻婆豆腐和中華料理。然而，陳建民教的也是日本化後的中華料理，加入八丁味噌，符合日本人的味覺。

由於逐漸富裕，而且大量接受不同的文化，家庭料理顯得更加多元豐富，不同飲食文化的料理，而且經常混搭，讓家庭的餐桌更為豐富。

此一時期剛好是大量人口進到城市工作的時候，大部分的人都在城市當中戀愛結婚，雙方來自不同的家庭。先生上班，太太在家煮飯，主婦煮的其實不是小時候跟媽媽學習的菜色。因為這群主婦成長的年代，剛好是在戰後民生凋蔽的時候，根本沒有辦法有新式廚房、豐富的食材可以享用。

在經濟發展之後，這些從小度過苦日子的太太，對於專職主婦相當嚮往，想要建立自己的小家庭，並且學習電視、雜誌和不同媒體上所介紹的家庭料理。當時的主婦也不喜歡跟婆婆學習煮菜，更喜歡具有洋風的菜色。

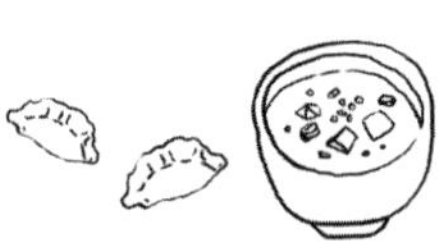

被討厭的家庭主婦

戰後經濟成長時期的家庭主婦，想要為家人煮一桌菜，並且照顧先生和孩子。然而，日復一日的生活，沒有薪水，孩子長大之後覺得母親沒有任何專長，也不嚮往母親的人生，而是想要成為獨立賺錢，且有專業的女性。

一九八〇年代之後，很多的電視劇，都在描述家庭主婦外遇，主要是單調的生活，想要透過追尋感情而獲得人生的價值。新時代的女性也不喜歡像媽媽一樣每天做菜，開始有很多不喜歡做菜的媽媽出現。

當女性走入職場，雙親晚餐時間無法趕回家。雙薪家庭的孩子，很多都獨自進食，一九八二年NHK的節目《孩子們的餐桌：為何一個人吃飯》。除了孩子們獨食以外，由於準備料理太麻煩，女性也不喜歡被綁在廚房中，很多家庭都會買現成處理好的食物，取代「媽媽味」。

從一九八〇年代至九〇年代的平成時期，由於經濟不景氣，夫妻同時出外工作。家庭的餐桌逐漸被外帶產業所取代，通常是下班的主婦，坐著地鐵回到家的車站時，在百貨公司的地下街購買已經處理好的外食。

一九九〇年代開始，百貨公司地下街的熟食區，有著繽紛沙拉、炸好的可樂餅、豬排，也有義大利麵、煙燻鮭魚、火腿。除此之外，冷凍調理包也大量的進入了一般家庭的餐桌。忙的時候，買個現成的熟菜，然後加熱冷凍食品，根本無需自己做，或是自己做也比不上外面的好吃。

獨食的孩子，或是沒有經常吃過「媽媽味」的孩子，成長了以後當了媽媽，當然也是不會做菜。西元二〇〇〇年之後的太太，很少會覺得做菜是件開心的事情。如果早上起不來，就把超市或是便利店買來的冷凍食品加熱一下。現成的食物構成他們味覺很重要的一部分，自己切菜、調理肉類太過麻煩，直接買處理好的就可以了。

從小就不習慣，或覺得廚房的事情麻煩，而且習慣外面口味較重的食物，自然讓二十一世紀的日本家庭料理產生了變化。而且，由於生活形態的轉換，越來越少家庭把一起吃飯當成培養感情的方式，不僅營養上會產生問題，缺乏共食的時間，也會無法培養良好的家庭關係。

隨著家庭料理也被外食大量的取代，生活中的食物由食品加工廠提供。然而，長時間的不景氣，使得食品廠商想要偷工減料，降低成本。二〇〇〇年之後出現大量食品安全的問題，像是中國製的冷凍餃子造成食品中毒的問題、雪印低脂牛奶的衛生問題、進口米發現三聚氰胺……

有愛就有家庭料理

食品安全幾乎是一年一爆，讓日本人漸漸意識到自己離土地太過遙遠，忘記什麼是飲食的「初心」。島村奈津的暢銷書《慢食人生》，還有同一時期義大利的「慢食運動」，重新思考土地與人的關係。透過每天都要「吃」的行為，反思我們從土地到餐桌的產銷履歷、工業生產、環境議題，還有家庭和朋友的情感。

媒體開始大量報導在日本不同地方生產傳統食材的店家，不管是醬油、豆腐、味噌、醬菜、日本酒等，強調有機、小農、無毒，重新認識過去所忘記的價值。

吃與家庭，是人的根本，所以在日本人逐漸遺忘家庭料理的時候，很多的戲劇與小說都在強調吃與療癒的關係，像是角田光代、江國香織、川上弘美等。

在家裡吃料理的時候不一定會幸福，家庭也是很多暴力發生的場所，或是不幸福婚姻的開端。除此之外，單親、離婚、喪偶……，家庭狀況越來越多元，但是如果能透過「吃」這件事情凝聚、解決、處理家庭問題，或許是新世紀家庭料理的新方向。

當家庭不一定重要的時候，聚在一起，跟親近的人好好吃飯，有愛就有家。

15

家鄉的味道：日本鄉土料理

家鄉的味道都不同，從風土的特色、當地食材到禮儀和文化的特色，每個鄉土都有自己的味道，都是在地文化最原汁原味的飲食特色。

什麼是鄉土料理？

家庭的餐桌讓人想到一起吃飯時的味道，有媽媽的拿手菜，或者由爸爸下廚。現在一人的餐桌也很多，「獨食」的人口增加，所以有《孤獨的美食家》，一個人的時候會想吃什麼？

我記得在《孤獨的美食家》中有一集介紹長崎的鄉土料理，電視劇中的主角五郎到澀谷的一條小巷中，走進「中國料理 長崎飯店」當中，點了「長崎ちゃんぽん」。看起來就是我們的雜燴麵，混入了很多種食材，有豬肉、高麗菜、牡蠣和魚板等。

長崎因為是個通商的港口，長期以來與中國交流，很多福建人住在長崎，將家鄉的味道帶到了長崎。日本人看著中國人吃，不久也改變了一些做

法，讓「長崎ちゃんぽん」成為當地的鄉土料理。

我曾經也在NHK的晨間劇《海女》中看到了一道鄉土料理。以日本東北岩手縣為舞臺的《海女》，講述著三一一大海嘯之後地方的重生，透過年輕海女們的故事將地方的感情與產業活化了起來。

在《海女》中出現的「まめぶ」，是一種不甜也不鹹的食物。其實就是以醬油為基底的湯汁，加了很多蔬菜，還有放入黑糖的糰子。岩手當地有專門賣「まめぶ」的餐廳，他們也會在節日的時候食用。

為什麼一個從中國來的炒麵是鄉土料理？一個在日本東北土生土長的煮物也算是鄉土料理呢？家鄉的味道到底是什麼？

日本農林水產省在二〇〇七年的時候舉辦一個「農山漁村鄉土料理百選」的活動，從一千七百道料理當中選了九十九道代表家鄉的料理。雖然說是「百道」料理，按照票選投出來，但選了九十九道，還差一道菜，為什麼？因為每個人的心中都還是有個屬於自己的家鄉味。

二〇〇七年的票選還選了二十三道「想推薦給外地人的本地人氣料理」，像全國知名的宇都宮餃子，這已經是全國都知名的人氣料理。或是像「橫須賀的海軍咖哩」也全國知名。但九十九道大部分都是只有在地才會品嘗到的特色料理。

我們來看一下他們有哪些特色吧！

風土的特色

日本國土狹長，從南到北跨越了溫帶到亞熱帶，因此每個地方的物產有很大的差異。簡略的劃分，可以先找個東、西的差異。舉例來說，西日本主要吃的是鰤魚；東日本則以鮭魚為主。西日本較多牛肉的料理；東日本則是豬肉居多。

從味覺上來說，大家都認為關東的味道較濃厚，關西的味道較清淡。會造成如此差異的原因在於鄉土料理有很多的煮物，而煮物的基底一般都是醬油，關東與關西使用的醬油鹹淡不同所產生的味覺差異。

我們先來看看煮物是什麼吧？日本人通常會用清酒、醬油、味醂做湯底，在湯汁中加入蔬菜、魚類、海鮮和豆腐。關東所使用的魚類大部分是鰹魚，屬於紅肉的魚，適合重口味的調味。關西的魚類大部分在瀨戶內海捕獲，較多是白肉魚，調味適合清淡。關東會在高湯放進柴魚，關西則是以昆布為主，這會讓煮物的湯頭，以及裡面煮的料理產生味覺上的根本差異。

除此之外，使用的醬油也導致味覺上的差異。關東的醬油以「濃口醬油」為主，主要生產區在千葉的野田，也是世界醬油大廠龜甲萬的發源地。「濃口醬油」的味道還有香氣都十分濃烈，符合江戶人的口味。

關西則是較為注重食材本身的原味，發產出的「薄口醬油」是為了襯托出食材的香氣，而不是搶味。日本醬油的發源地從中國來，一開始由紀州（現今的和歌山）的僧人製作。後來兵庫縣的播磨也開始生產，此處發展出的「薄口醬油」，在香氣和味道上都比「濃口醬油」淡。

從味道上與魚類的使用上，我們看到明顯的東、西差異，這是生態與地理上的關係。接下來我們來看看每個地方的風土所產生代代相傳的料理。

茨城縣是日本重要的鮟鱇魚產地。一般來說，東日本喜歡吃鮟鱇魚，西日本喜歡河豚，兩者都是名貴的食材。鮟鱇由於身體充滿黏液，很難在砧板上調理，會用「吊切」的處理方式。厲害的師傅可以將鮟鱇的魚肝、卵巢、魚胃、魚鰭、魚皮和魚肉用不同的手法製作，有些可以生吃、有些製成壽司、有些做成「鮟鱇鍋」，與蔬菜、味增一起做成。鮟鱇的營養成分很高，而且肉質鮮美，是很高級的鍋物料理。

同樣是關東地區重要魚類的鰤魚，是日本料理的高級魚類。最好的鰤魚就是「寒鰤」，肉質肥美，而且入口即化。由於是冬季的魚，在新年或是節慶的日子，都會招待賓客吃鰤魚，才顯得出高規格的招待心意。

冬季剛好是鰤魚洄游的季節，南下產卵的鰤魚，每隻都相當肥美。富山冰見市沿岸的「冰見寒鰤」堪稱寒鰤中的極品，主要是富山剛好在日本海沿岸的中間，鰤魚經過此處的時候，是肉質和脂肪發展得最好的時候。富山有名的鄉土料理就是「鰤魚大根」，以鰤魚、白蘿蔔，然後在鍋子中加入醬油、味醂和清酒。由於寒鰤的鮮美，只要簡單調味就意猶未盡。

位於北陸地區的石川縣，也是鰤魚重要的產地。在此的鄉土料理是「蕪菁壽司」（かぶらずし），將蕪菁、蘿蔔與鰤魚發酵之後食用。這樣的壽司發酵時間比較久，稱為「熟壽司」，風味比較濃郁，而且鮮味也很強。有些地方發酵更久的，像是琵琶湖附近的「鮒壽司」（鮒寿司），發酵從數個月到兩年都有，由於發酵時間太久，風味太過獨特，沒吃過的人還以為是壞掉的魚。

將米加以發酵，是為了保存食物的一種智慧。魚和米的發酵造就了壽司，在不同地方呈現多樣化的風味。北陸地區福井的鄉土料理：「米糠醃魚」（へしこ），由於冬天寒冷，將鯖魚和米糠發酵後，配合著白蘿蔔，風味也相當獨特。

每個地方的風土差異，構築了當地的飲食文化。為了保存食物所發展出來的醃漬或是發酵的方法，讓食物的風味更佳，這也是人與土地之間的美好關係。

當地食材

鄉土料理的特色就是與土地的關係，一方水土養一方人，使用地域的食材。我們從北

而南往下看，有哪些是用鄉土特殊的食材所做出的料理呢？

北海道由於捕鮭魚的關係，所以像是「石狩鍋」或是「ちゃんちゃん焼き」都和鮭魚有關係，石狩鍋是在石狩川補鮭魚的漁民，將整條鮭魚放進鍋中，以昆布當為基底，用味噌調味的鍋物。

「ちゃんちゃん焼き」也是鮭魚料理，日文的「焼き」大部分是在鐵板上煎煮。由於北海道接受了不少西洋的料理文化，像是牛奶、馬鈴薯和洋蔥，所以「ちゃんちゃん焼き」是在鐵板上塗奶油，將鮭魚用鹽和胡椒調味。在鮭魚的旁邊置放不少的蔬菜，吃的時候鮭魚的湯汁與蔬菜混和，共同構築鮮美的滋味。

宮城縣的鄉土料理「はらこ飯」，或許可以翻成「鮭魚親子丼」，與其他的海鮮丼蓋飯不同的地方在於使用秋天的鮭魚。先將鮭魚、醬油、味醂和砂糖煮熟，甜美的醬汁燉煮後再來炊飯。香氣飽滿的米飯搭配鮭魚子一起吃下去，充滿著幸福。

東北會津由於地處內陸，所以很會保存食物。利用當地所產的鯡魚和山椒的嫩葉，然後與醬油、酒、醋、糖和味醂加以醃製而成。由於鯡魚有特殊的味道，不一定每個人都能習慣，但是用山椒的風味，可以將魚的腥味加以去除。

同樣位於東北的山形，利用當地食材所發展出的鄉土料理是「鱈魚鍋」，因為山形靠日本海岸，冬季的鱈魚最為肥美，而且產量大。將鱈魚的內臟取出後，放進鍋中。然後用豆腐、蔥和味噌作為湯底，最後再撒上海苔，利用當地食材做出的鮮美鍋物。山海的食材，共同運用，一起獲得土地與海洋的滋養。

臺灣屏東常見的櫻花蝦，在日本只出現在靜岡的駿河灣。春天與秋天的時候，利用櫻花蝦製成的天婦羅，常常吸引相當多人到此享用。日本的天婦羅僅裹上一層薄薄的粉，然後下去炸一下就拿起來。櫻花蝦炸過之後會更加鮮美。

從南到北，日本鄰近海洋，不同的海洋產生多樣化的海鮮。位於瀨戶內海上的廣島盛產牡蠣，又香又肥的牡蠣再用「土手鍋」加以調理，更加凸顯牡蠣的風味。「土手」是日文的土牆之意，在鍋底抹上一層厚厚的味噌，再將蔬菜和牡蠣放入鍋中，新鮮的蔬菜、牡蠣配上廣島風味的味噌，不管是單吃或是配飯吃都是極品的享受。

位於中國地區北部的鳥取和島根，日本海沿岸盛產「松葉蟹」，每年十一月左右，是

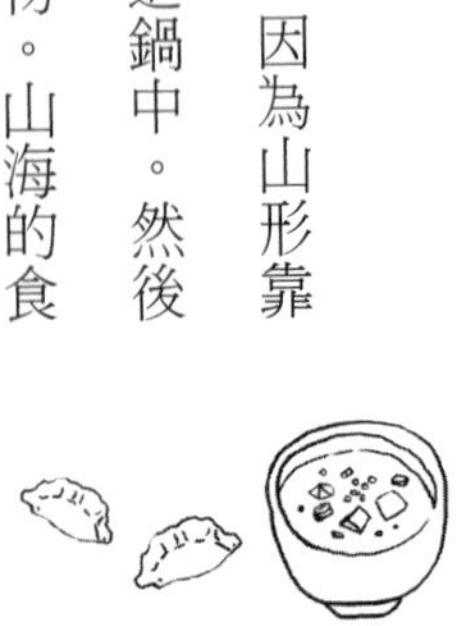

最大產季。螃蟹好吃的關鍵就是新鮮，在島根和鳥取可以吃到蟹刺身。當地的鄉土料理用蟹煮味噌湯，讓湯頭增加鮮美的味道。島根除了沿海有松葉蟹，宍道湖則是有「蜆貝湯」（しじみ汁），此湖產又大又黑的蜆貝，也稱「大和蜆」，用以煮清湯和味噌湯都能彰顯湯頭的甜美。

我們如果由中國地區往南走，過了瀨戶內海就是四國。四國最南端的高知是日本最大的鰹魚產區，當地流傳四百年的「一本釣」是漁船開出去之後，引入魚群，用釣桿一隻一隻的釣起，這樣的方式不會傷害到魚的身體。

高知的鄉土料理就是「炙烤鰹魚」，利用稻草的大火炙燒表面，外表已經熟了，但裡面還是新鮮的生魚片。口感內外不同，而且將鰹魚的汁液鎖在裡面，搭配柑桔醋調味，是很受歡迎的鄉土料理。

過了瀨戶內海往西到九州，鄰近日本海岸的佐賀，近海有「呼子烏賊」，晶瑩剔透的肉身，相當鮮美，直接食用稱為「活造り」，是佐賀當地的鄉土料理。如果往南到九州最南端的鹿兒島，當地的銀帶鯡，也就我們所說的沙丁魚。由於身體柔軟又小，做成刺身的時候無法用刀切，只能用巧手做成像菊花花瓣的樣子，稱為「菊花造」，一邊品嘗鮮味，一邊欣賞魚體的美。

豐富的生態資源，加上日本人喜歡從自然當中找到合適的食材，並且遵循盛產時候的「旬」味。魚類、野菜一般都在最為肥美的時候享用，或是發展出發酵的技術加以保存。

特殊儀式和文化的料理

鄉土料理除了有自然、生態和環境的部分，也是在婚喪喜慶或是節日享用的料理。蕎麥麵在日本東北地區是很常見的料理，但每個地方吃法不同。在東北的岩手縣，有一種「碗子蕎麥麵」（わんこそば），或是說「一口蕎麥麵」。為了讓客人馬上吃到新鮮剛煮好的蕎麥麵，用小碗盛裝，然後吃完以後快速奉上。旁邊會搭配著吆喝聲，鼓勵食客多吃幾碗，經常舉辦比賽，看誰吃比較多碗。每年二月、三月和十一月會舉辦吃「碗子蕎麥麵」的大賽。

在東北內陸的會津，海鮮料理是比較奢侈的食材，以往只有藩主才能吃得到的「こづ

ゆ」。將扇貝中所提煉出的湯頭，加入胡蘿蔔、香菇、芋頭、木耳等食材，再用酒、鹽和醬油提味。盛放的器物是會津當地的漆碗，吃起來相當香甜且清淡，在會津過新年和重要儀式的時候都會食用。

每年的九月，日本東北進入秋季的時候，山形縣會舉辦一年一度的「日本第一芋煮會」，烹飪的鍋子直徑有六公尺，可以煮三萬份的「芋煮」。芋香四溢，吸引很多遊客前往。「芋煮」在山形是很家常的料理，而且「芋煮會」更是當地的嘉年華，有長達三百年的歷史，透過料理凝聚當地的情感與認同。

關東附近的櫪木縣，古稱為「下野國（しもつのくに）」，有一道料理只在二月分的第一個午日食用，據說可以避邪，招來福氣，得到健康。「しもつかれ」（下野家例）用鹹鮭魚頭，大豆、酒粕、蔬菜和油豆腐製作，還有搗成泥狀的胡蘿蔔和白蘿蔔。二月分的特殊節日會和紅豆飯一起食用，安撫神話中的五穀神。味道並不一定每個人都會喜歡，但卻是當地儀式和生活中的重要料理。

在特殊慶典或是廟會的時候，每個地方都有些特別的食物。如果我們看看東京附近琦

●下野家例

玉的鄉土料理。日文的饅頭裡面一般都包紅豆，將紅豆飯蓋在饅頭上形成特殊的「赤豆饅頭」（いが饅頭）。由於蓋在外面的紅豆飯很像栗子外面那層皮，日文稱作「いが」。由於紅豆飯是節慶的料理，所以會在舉行儀式象徵著吉祥的食物。

在北陸的新潟則會在節日的時候喝「能平汁」（のっぺい汁），用紅蘿蔔、牛蒡、蓮藕、香菇、蒟蒻和芋頭製成的煮物。如果是辦喜事的時候就會放鮭魚代表喜氣、生命禮儀的時候就放油豆腐。

過新年的時候，日本一般會吃「雜煮」，會烤麻糬，而且以昆布熬煮的清湯會加入蔬菜、雞肉。四國的香川縣，新年時候的「雜煮」會加入紅豆餡的麻糬，然後湯頭是甜的白味噌湯，稱為「紅

豆腐糬雜煮（あんもち雑煮）」，聽說甜和鹹的口感每家都不同，有時候會為了比例的差別而吵架呢！

在九州的須古壽司是當地節慶和祭祀會吃的料理，相較於其他壽司，這種壽司放在盒子當中，每一份大約十公分乘十公分的大小。上面有著各式各樣佐賀當地的特產，有時也會置放烤彈塗魚。據說是以前的藩主對待農民很好，農民用當地的特產表達感謝之意。

婚喪喜慶是人生的重要日子，為了節令而準備的食物讓地方的人有穩定的感覺，是彼此認同的投射。在重要的日子，我們開心、狂歡，或是為了過年而準備了一個具有儀式感的食物，讓人生真的覺得不一樣了。

鄉土料理，是認識地方重要的核心。吃進鄉土料理，感受著地方的風土，理解此處最為新鮮的食材，也感受著當地的儀式和文化。

16

日式炸雞很日式？

日式炸雞很深奧，甚至還有日式炸雞協會，炸雞和日式炸雞不同的地方在於一個從美國來，一個從中國來，但最後都用日本人的方式融入了「日式」。

日式炸雞與炸雞

「日式炸雞」日文寫成「唐揚げ」，但日文的炸雞卻是平假名直接翻譯「Fried chicken」（フライドチキン），究竟他們的差別在哪呢？

我有一次看「富士電視臺」的節目，綜藝節目裡用機智問答的方式來討論日本語，發現也不是每個日本人都了解。節目中說「唐揚げ」，是根據日本唐揚協會所制定的，如果根據協會的定義：

雞肉（也包括雞肉之外的肉類、魚類、蔬菜等）使用油炸的烹飪方法所製作出來的料理。是以食材小麥粉、生馬鈴薯粉包裹薄薄一層，然後用油煎炸的食品。

日文當中的「唐」指的是從中國而來的東西，不一定指的是唐代而來，像是「唐辛子」指的是辣椒。雖然辣椒是從中南美洲來的，但日本人是因為中國人才知道辣椒的味道，所以稱從「唐」而來的辛辣味道。

那什麼是日式炸雞呢？

日本人沒有炸雞協會，所以還沒有定義。但日本人用片假名拼出來的炸雞，會跟美式炸雞比較類似，像我們所熟知的肯德基。從美國南部開始，本來是非裔美國人所食用的靈魂食物比較有關係。

一個從中國來，一個從美國來。他們怎麼烹飪呢？

日式炸雞會先用醬油和一些調味的方式，使之入味，才會上粉去炸。但炸雞則是不會處理雞肉的味道，主要是在包覆的麵粉上加味。

日式炸雞

日式炸雞的由來與種類

回到日式炸雞，我們來看看「唐揚」是怎麼來的吧？有此一說是以前在奈良的「唐揚」是素食。「揚げ（AGE）」指的是沾粉油炸的方式，從中國來故稱「唐」。然而，後來歷史學家在史料中都找不到「唐揚」二字。江戶時代的料理書中我們可以看到發音相同的「からあげ」，但並非寫成「唐揚」。有趣的是一本介紹中國素食的書。當時是炸豆腐，並非炸式雞塊。

販賣日式炸雞最早的店，在洋風味很濃的銀座。目前還在的「三笠會館」，有法國、義大利、揚州料理、涮涮鍋、鐵板燒等多元的料理。或許就是在這樣多元料理文化碰撞的餐廳，才會創造出日式炸雞這樣特別的食物。

一九二五年創業的「三笠會館」，名菜就是「若鶏の唐揚げ」，在一九三二年推出。由於當時的業績不佳，主廚就以中國炸豆腐為靈感，結合日本式的調味方式，西方的炸雞都較大，像肯德雞是用手拿來吃。日本雖然習慣用手食，但覺得不雅，而且畢竟在餐廳中，還是以使用筷子為主，所以創造出可以用筷子夾取的日式炸雞塊。

「三笠會館」一推出日式炸雞，就風靡了東京，很多人到餐廳一定會點這道菜。現在一樓的義式餐廳「イタリアンバール　ラ　ヴィオラ（Italian Bar LA VIOLA）」還可以享用得到。這裡的炸雞是帶骨的雞塊，骨髓中的汁液會浸潤到肉中，搭配的佐料是芥末胡椒鹽，這是日式炸雞的原型。有趣的是當時因為在義大利餐廳推出，怕大家將之視為與中國料理有關，還故意用平假名寫成「から揚げ」或是「空揚」。

然而，二次世界大戰之前，日本人還沒有大規模的飼養肉雞，吃的雞肉都是土雞，像是坂本龍馬很喜歡吃的「軍雞鍋」。肉雞的生產在美國主要是二十世紀初期開始發展，在中部和大西洋各州。二次大戰之後，肉雞生產到美國南方，德州、阿肯色州、密西西比……

等州，美國人說這些是「肉雞帶」。

日本的肉雞生產引進美式的養殖方式，主因是戰後糧食和肉類短缺，所以山田太郎引進肉雞的飼養方式。肉雞長得快，而且價格便宜，很受老百姓的歡迎。飼養肉雞的地方一開始在名古屋和九州的中津等地，這兩處後來也成為日式炸雞的重要起源地。

中津現在更變成日式炸雞的聖地，光是炸雞專賣店在小小的城市就三十多間，還不包含餐廳和精肉店。製作方式是將雞肉用醬油、生薑和大蒜醃過後油炸，與其他日式炸雞的做法相同，但每一家的風味都有差異。一九七〇年開業的有「森山」和「細川」，「森川」後來不斷展店，甚至紅到東京去。每一家炸的部位也不盡相同，有雞胸、雞腿、雞軟骨、雞胗、雞翅膀。

從唐揚協會的定義來說，像是南蠻炸雞、龍田揚げ、手羽先、素揚げ、「ザンギ」（ZANGI）都可以算是唐揚的一種，但每一種略有不同，由此可以知道炸雞世界的博大精深啊！

相較於一開始發明的日式炸雞帶有點洋氣，但龍田揚則比較有和風。一般日式炸雞會

用太白粉或小麥粉油炸，但龍田揚則是用太白粉。調味上的差異則是龍田揚使用酒、醬油、生薑和味醂作為醃雞肉的調味醬料。炸好之後，龍田揚外表較深，而且有味醂和紅薑的香氣。除了雞肉以外，相同的做法也運用在豬肉、鮪魚、鯨魚、鰹魚。和歌山有個港口仍然維持傳統的日式捕鯨，當地著名的鄉土料理就是「龍田鯨魚」。

「手羽先」是名古屋的特產，有很多的連鎖店。相較於其他唐揚強調雞塊，手羽先就是雞翅。但是，炸好之後，每家使用的調味料都不同，名古屋的名店有「伍味酉」、「世界的小山」（世界の山ちゃん）和「鳥開」，每一家的調味都不同，使用的雞肉有些是土雞，有些是飼料雞，口感和香氣都有所差異。

現在很熱門的南蠻炸雞，連在臺灣的摩斯漢堡都可以買得到。一開始在九州的宮崎縣發明出來，將雞肉用南蠻漬醃漬，主要用蔥、辣椒和糖醋製成，放下鍋之後，有些作為丼飯。宮崎縣的鄉土料理就是南蠻雞，現在全國都吃得到。很多現在的南蠻雞會配上塔塔醬，但元祖的「直ちゃん」沒有使用塔塔醬，是「おぐら」才是南蠻炸雞配上塔塔醬的創始店。但兩者都用雞胸肉，而且對於雞的生長期都有精心計算，現在很多南蠻雞會使用雞腿肉，吃起來的口感不同，但也別有另外的風味。

除了宮崎有自己特殊的日式炸雞以外，在北海道的叫做「ザンギ」（ZANGI），將雞肉、醬油、蒜頭和生薑等醬料醃製後再放進去油炸，味道會比較濃厚，而且麵衣較厚。聽說元祖的北海道炸雞店在釧路的「鳥松」，當時叫「ザーギー（za-gi-）」，很像中文的「炸雞」。

四國愛媛縣當地的特殊炸雞料理稱為「千斬切」，或寫成「せんざん雉」。因為江戶時代會打雉雞，現在使用雞肉，但有時候的用法還是會將「雉」留下。「千斬切」的意思就是雞肉的每一部分都會食用，千刀萬剮，所以有此一說。

另外還有一個很像臺灣炸雞排的稱為「山賊燒」，是長野縣松本和鹽尻市的鄉土料理，為了推廣，每年的三月初還有「山賊燒日」。為什麼會取名為山賊呢？有一說是長野地處山區，常會有山賊出沒，而日文的「奪取」（取り上げる）和炸雞（鶏揚げる）同音，成為「山賊燒」的來源。主要做法就是醬油放進蒜泥和洋蔥泥後，將雞胸肉或是雞腿肉醃製，裹上太白粉油炸，跟我們的炸雞排十分類似。

怎麼吃日式炸雞？

無論是日式炸雞或是炸雞，兩者都不是日本原來的食物。但現在我們在日本的各式各樣的店家，都可以吃到日式炸雞，是一種國民的美食，甚至在日劇《四重奏》或是《深夜食堂》中都可以看到日式炸雞。

吃日式炸雞要配什麼呢？

有些人會配塔塔醬，有些人會擠檸檬。日劇《四重奏》中餐桌上的四個人在討論炸雞要不要加檸檬汁？當上了日式炸雞之後，是不是該馬上擠檸檬呢？

「每個人的口味不同，加檸檬汁是不可逆行為，加前要詢問確認。」

如果同桌有不同的人，每個人吃日式炸雞的方式，的確要詢問別人。不過，從這點也可以看到日本人做一件事情心中有很多小劇場。

我欣賞日本人吃日式炸雞的堅持，這也是日式炸雞好吃的原因。鮮嫩且風味多層次的日式炸雞，有日本人的味道，也有外來的DNA，共同構成日式炸雞美味的祕訣。

17

行動的美味：火車便當

現在到日本各地旅行，當地的火車便當主要強調當地的食材，還要凸顯當地的文化。靠山吃山、靠海吃海，如果是以海產聞名的地方，所推出的就是當地的海鮮；如果是以山產聞名，推出的就是在地的野味。有些地方用歷史和文化包裝便當，透過便當了解在地的文化和食物，展現出飲食的風味。

有一年我在日本東北旅行，一個早晨，在山林間一個稱為津川站的小車站，一個附近住戶不過幾十人的小鎮，除了住在此地的人們，很少人會在此駐足。不久，遠處傳來了火車的笛聲，不是電氣化火車的喇叭聲，是只有在電影中才聽得見的火車汽笛聲。當它在山谷中迴盪時，是如此的宏亮、栩栩如生，有如從電影的場景中開了出來。

蒸汽火車沒有新幹線那般流線型的時髦設計，子彈型的造型完全看不見機器的零件；相反的，蒸汽火車的火車頭則是將大部分的零件都外露，透過蒸汽鍋爐、車架、輪子和齒輪等推動，看著動態的蒸汽火車頭有如欣賞手錶顯露出的齒輪，驚訝於其細緻的工藝美術。

津川上車之後，火車在鐵橋、隧道、森林和稻田開過，在復古的車廂中，將窗戶打開，望著窗外，鐵軌上規律的「框動、框動」的聲響，從餐車買了一個火車便當，我們分享著這懷舊的氣氛，配著窗外的美景一起吃下。

津川位於日本東北，在福島縣和新潟縣的中間，鐵路便當的菜色是新潟的海產鮭魚和螃蟹，外加當地的野菜，從便當感受當地的山、海特色。

不只在東北的鄉下，日本從城市到鄉間，只要有火車的地方，從新幹線、快車、慢車、蒸汽火車都會有鐵路便當，而且口味和菜色隨著當地的特產而變化，平價的鐵路便當最容易吃到每個地方的特色。最早的鐵路便當從何而來呢？就在蒸汽火車的月臺上賣，我們得回到明治維新的時代，看看當時鐵路便當是如何在日本各地出現的？

鐵路便當的出現

便當的文化在日本可以推到所謂的「幕之內便當」，在江戶時代觀賞歌舞伎的時候，中場休息會把布幕拉下，場中販賣便當，即是所謂的「幕之內便當」，菜色除了米飯外還有不同的配菜，有蛋捲、烤魚和醬菜。一邊等待著表演、一邊享受著便當中的菜色。

「幕之內便當」是現在便當的始祖，但當時沒有鐵路，所以無法說是鐵路便當，了解鐵路便當只能從日本開始鋪設鐵路開始尋找。日本第一條鐵路的開通是在明治五年（一八七二），從東京的新橋到橫濱的鐵路，一開始商人還沒有把腦筋動到便當上，只有先在新橋站開設食堂，讓搭車的人可以先飽餐一頓。

隨著鐵路網的鋪設，東京往東北的線路也開始興建，其中的大站宇都宮在一八八五年，由白木屋旅館於月臺上賣的便當被視為是最早的鐵路便當，便當中只有兩個大飯糰，灑上芝麻再配蘿蔔乾，包上竹葉，沒有其他的菜色，相當的陽春。當時的鐵路便當一個多少錢呢？要價五錢、換算成現在的價格差不多是六百日幣——兩個飯糰竟然要價這麼高！但如果我們回到那個時代，能搭火車的大多是中產階級或是收入更好的人士，也就不意外可以收這麼高的價錢了。

宇都宮是當時鐵路的中點，所以會開始販賣鐵路便當，搭乘的旅客已經上車一陣子，到了用餐的時間，月臺邊開始販賣吃的東西，讓旅客解飢。東京往新潟的上越線的中

點高崎站，和宇都宮站差不多同時販賣鐵路便當，也有一說是高崎站最早開始販賣鐵路便當。

讓鐵路便當逐漸在日本普及的原因是東京到神戶的東海道本線通車，國府津車站一八八八年是東海道本線上首個買鐵路便當的車站，隔年姬路車站也開賣。姬路所賣的就不僅是飯糰那種充飢的食物而已，而是所謂的「幕之內便當」了，有一個主菜，加上多種配菜。也不只是單層的飯盒，而是雙層的便當，一層是灑上芝麻的白飯，另一層則是配菜，有著鹽燒的鯛、伊達卷、玉子燒、牛蒡、筍子和醬菜等，已經是相當豐富且豪華的便當。

販賣火車便當的相關規定

由於列車停靠車站的時間只有幾分鐘，為了要吸引乘客們的目光，讓他們選購火車便當，因此站立著販賣，並且用一個箱子掛在肩上，讓乘客直接能從車窗上看到販賣的便當樣式。隨著越來越多的車站開始販賣火車便當，政府也開始對於販賣火車便當的商家進行規定：在服裝上要印製相關的標誌，販賣的位置也要讓上下車的旅客方便乘車。

當火車成為日本所習慣的交通工具，不僅有錢的人可以搭得起，一般民眾也將之視為交通工具時，車廂隨之分化成較貴的豪華座席和一般座位。現在從東京搭新幹線到神戶，最慢也只需要半天的時間，但當時可能要花上一、兩天的時間，所以在火車上的生活也會按照乘客的收入區分餐食。

大正時代的火車便當就出現了不同的層級，讓不同收入的乘客可以選購，在廣島車站所販賣的便當區分為「上等」、「一般」和「壽司」，價錢分別為二十五錢、十五錢和十二錢。當時的小學教師一個月的薪水是八塊，一塊是一百錢。

鐵路便當的黑暗期

由於昭和時期（一九三〇年代）經濟蕭條，加上日本發動戰爭，糧食缺乏也影響到鐵路便當的販賣，米飯和砂糖都受到政府的管制。從太平洋戰爭開始一直到二次世界大戰之後，火車便當的菜色縮水且相當簡樸，加上進入戰爭狀態，鐵路有很大一部分的功能是用

來運兵，此一時期提供軍人的火車便當稱為「軍弁」，裡面的米飯參雜著一些雜糧，菜色有時也只有一些醬菜，但最大的特色是便當外面的包裝，充滿著軍事的標語，像是「祈武運長久」、「米英擊滅」、「盡忠報國」、「堅忍持久」等。

隨著日本走向戰後的復原，經濟高度發展，火車再度成為大家交通和旅遊的工具，一九六〇年代東海道新幹線的通車，讓火車便當的販賣走向高峰。當時全日本大概有約四百種的鐵路便當。雖然鐵路便當的販賣走向全盛時期，但是販賣鐵路便當的人卻失業了，本來以前的蒸汽火車還有窗戶可以開啟，每站的停靠時間也還足夠乘客買便當，但是後來的火車越來越快，靠站時間也較短，有些車種的窗戶根本無法開啟，外加上下班時間的通勤人潮，在月臺上站一批賣便當的人也會影響人潮流通，所以火車便當的販賣方式逐漸變成目前在車站內的小店。

高度經濟發展時期也讓鐵路便當的販賣銷路大好，有些商家一天可以賣上千個便當。但是，當大家都富裕起來後，開始買私家的自用車，導致火車使用率降低。不僅如此，還有其他對手進入便當市場分食這塊大餅，例如速食進入日本，改變部分日本人的飲食習慣，甚至便利商店也開始賣起便當，讓一些鐵路便當商家遇到生存上的困難。

靠山吃山、靠海吃海：感受當地的文化

在困難的時候，就是轉機的時候。此時的鐵路便當業者開始思考如何吸引消費者，不走削價競爭的策略，也不做單一化的菜色；相反的，要凸顯火車便當的特殊性，強調自己的差異。對於鐵路便當而言，什麼是自己的利基呢？就是地方化，由於火車是來往各地的交通工具，旅客到每個地方都想感受當地的差異，而鐵路便當就是要展現當地的特色，使用在地的食材，才能吸引消費者的注意。

現在到日本各地旅行，當地的火車便當主要強調當地的食材，還要凸顯當地的文化。由於鐵路便當的種類太多，究竟有多少也無法細緻的統計出來。但是如果造訪東京車站，其中有家店稱為「駅弁屋　祭」，收集全國各地人氣的鐵路便當，就超過一百七十種。「駅弁屋　祭」坐落於東京車站內，販售多種日本各地便當。地址為東京都千代田區丸之內 **1-9-1** 東京車站驗票口內部一樓（東京都千代田区丸の内　1−9−1　東京駅　改札内

1F），營業時間從早上五點半到晚上十一點。

舉例來說，有些地方以牛肉聞名，像是米澤牛、松阪牛、仙台牛，這些地方的鐵路便當都會販賣當地牛所製成的牛丼。有些為了吸引高端的消費者，甚至用最好的和牛，松阪車站所賣的「極上松阪牛ヒレ牛肉弁当」要價超過一萬日幣以上，應該算是目前最貴的鐵路便當了。

靠山吃山、靠海吃海，如果是以海產聞名的地方，所推出的就是當地聞名的海鮮，像是瀨戶內海沿岸的明石以章魚知名，所以章魚便當就當相當受歡迎，而廣島則是鰻魚、宮城則是紅鮭、靜岡的季節特產金目鯛，北海道當然就是螃蟹了！

有些地方可能沒有那麼昂貴的松阪牛，就用歷史和文化包裝便當，舉例來說，到甲州（山梨）旅行，以往此地是日本戰國時代大名武田信玄的封地，他的象徵形象是以武士刀畫出菱形格紋的「風林火山」（指武田信玄使用的軍旗。旗幟上書「疾如風、徐如林、侵掠如火、不動如山」。武田信玄閱讀《孫子兵法》之後非常喜愛，故而在設計軍旗時沿用這段原文）。所以，此地的鐵路便當在一九七〇年代開始就將武田家的菱紋裝飾在便當盒中，內容物笹壽司、白飯、味噌握壽司與野菜分別用風、林、火、山加以命名。

不管是否有昂貴的和牛、螃蟹，或是山中的野菜，只要是各地的名產，屬於某個地方才有的特色，就是其他的地區所比不上的，這就是近來鐵路便當的發展，透過當地的文化，展現出飲食的風味。

18 深入民間、隨手可得的泡麵

泡麵已經成為臺灣與日本每個人餐桌上的重要記憶，在夜晚飢餓的時候，在沒有錢買下一餐的時候，我們人生很多的時候都有泡麵，伴隨著我們，一起長大、一起經歷過很多時刻。

如果有到過橫濱的「合味道紀念館」的朋友都知道，是為了紀念泡麵的發明人安藤百福，他發明了在家用開水一沖就能吃的速食麵。紀念館中寫著他當時為了發明泡麵，一天平均只睡四小時，整整一年，從來沒有休息過一天，而且是一個人獨自研究發明的。

在辛苦的發明過程中，終於發明了雞湯拉麵，在市場上極為暢銷。

泡麵的發明人？

安藤百福最有名的事蹟就是作為泡麵（方便麵）的發明人，他的人生格言是「食足世平」，只要豐衣足食，大家能夠吃飽，世道就會太平。

能夠悟出這個道理是因為他走過二次戰後的日本。當第二次世界大戰結束，百廢待舉的日本，糧食供給不足，加上很多從外地回到日本的軍人，饑荒的嚴重性比起戰爭期間更加嚴重。它們沒有廚房，有些人甚至連家都沒有，需要快速能夠滿足飢餓的食物。對於飲食的革命性突破，是當時所創造出來的泡麵。安藤百福在自己的傳記中說道在自家簡陋且破舊的後院中思考如何能讓拉麵容易保存又可以即時食用的方法，後來看到妻子仁子炸天婦羅時，有了發明的靈感。

透過油炸的方式，排除拉麵之中的水分，使得麵條不易腐爛。再度食用時加入熱水，水分會透過麵條之中的小洞，讓乾燥過後的麵條再度軟化。

在自己的傳記中，安藤百福詳細地描述自己如何苦思的發明過程，當時他雖然窮，但是憑藉著一股要讓大家吃飽的信念，促進了飲食文化的革命與改變。

然而，在大阪安藤百福的朋友圈之中卻有完全不同的評價，也都知道泡麵不是由他所發明。

二次大戰之前，很多臺灣人到「內地」（是日本喔）發展。大阪有不少臺灣人，留學

生張國文出身屏東，懷念家鄉的雞絲麵，但是不知道在長途的旅程之中如何保存，於是想到了油炸的方式。

張國文不僅發明了泡麵，而且申請了專利。據翁金珠的採訪，當時在自家後院炸麵的是張國文，而不是安藤百福。但是戰後的日本物資缺乏，根本無法找到原料，也沒有辦法量產。安藤百福是透過購買專利的方式才得以生產。從安藤百福的傳記、漫畫到博物館，都把他塑造成一個充滿點子的發明王。

泡麵發明人的人生

安藤百福本來是吳百福。出生大日本帝國臺灣臺南縣東石郡朴子街的吳百福，年幼時父母就已經過世，由祖父母扶養長大。吳百福的家境不錯，祖父做纖維與織品的生意，在鄉下也算得上是經營有成的商人。

二十二歲時，吳百福靠著父親的遺產在臺北永樂市場成立了「東洋莫大小」。什麼是「莫大小」呢?是當時所開發出的一種纖維布料，具有彈性而且伸縮性不錯，吳百福在迪化街買進「內地」（日本是內地）新開發的布，再轉手賣給臺灣人。

在安藤百福的傳記中，將自己塑造成一個好丈夫、好父親，太太是安藤仁子，吳百福放棄了自己的姓，從妻姓。安藤百福與仁子生了一男，叫做宏基；一女，叫做明美。

然而，在臺灣經商時的吳百福其實已經成家了，並且還有兩次的婚姻，第一任的妻子黃琇梅和二房吳金鶯都是臺灣人。吳百福與大房生的大兒子吳宏壽後來隨著父親到日本，改姓為安藤宏壽（跟三房的媽媽姓）。

據《週刊文春》對宏壽的採訪，吳百福赴日之後沒有照顧自己的妻子，也沒有匯錢給大房。隨著安藤百福到日本的二房生了兩子一女後過世，子女為吳宏男和吳武德，女兒吳美和就是在大阪街頭流浪的拾荒老人。

日清對於人類的飲食文化有深刻的影響（好的貢獻抑或是壞的貢獻則見仁見智），但他們的產業縮短了人類的用餐時間，而且可以在短時間之內讓人得到飽足感與必要的熱量，特別是能夠以廉價的方式讓飢餓的肚皮得到溫飽，這是非常重要的突破。

在日本市場之外，當日清拓展海外市場時，為了配合外國人的飲食習慣，將泡麵放在

杯子之中，再用叉子吃，使得泡麵得以在一九七〇年代就打入美國市場。

如果說起速食，沒有比泡麵更加快速了；麥當勞還需要店家，而且在中國或是第三世界，麥當勞還是潮流與中產階級才吃得起的玩意，泡麵則是進入每個階級、每個人的肚子裡。

一年營業額相當高的日清集團，後來由安藤宏壽擔任社長，也就是大房的兒子。但是，只接掌兩年的宏壽與安藤百福（太上皇）的想法不同，安藤百福怒而將他撤換。安藤宏壽接受採訪時，指稱是三房的宏基與自己的父親透過董事會將他撤換，並且想要把他在社會上整個抹殺掉（比連續劇還驚人！）。在二〇〇七年為安藤百福送終的是三房的仁子與所生的一兒一女，兒子宏基也成為現在日清的社長。

安藤百福創造了一個大型的企業，影響了人類的飲食文化，是個成功的企業家和商人。但從個人的選擇而言，他有不同的立場，在臺灣與日本之間，在家庭關係裡有不同的立場。

或許我們可以思考，如果安藤百福在戰後回到臺灣，跟著元配胼手胝足，當個好父親、好丈夫，他會是一個成功的企業家嗎？一個熟悉日本文化與市場的商人，不會講中文，可以在戰後的臺灣得到發展嗎？

不管如何，泡麵已經成為臺灣與日本每個人餐桌上的重要記憶，在夜晚飢餓的時候，在沒有錢買下一餐的時候，我們人生很多的時候都有泡麵，伴隨著我們，一起長大、一起經歷過很多時刻。

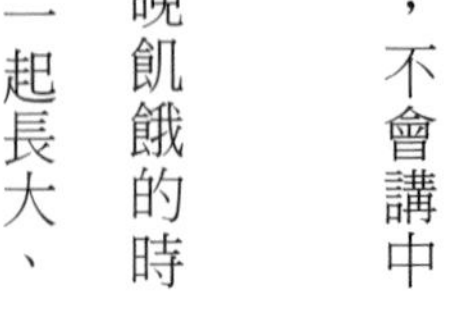

第四章

日本味的老靈魂

19

鮮味的關鍵：昆布

日本料理中經常吃到的獨特「鮮味」，就是從昆布或是鰹魚中所熬煮出的。一想到日本料理，就會與昆布連結，那是從自然中提煉的鮮味，是浸潤在食材與湯頭的真滋味。

鮮味的來源

到大阪旅遊的時候，我都會到土居昆布買幾塊昆布。昆布的味道是日本料理的基礎，最令人熟悉的氣味之一。雖然都是昆布，但是每家的製程方式都不一樣。從成長到熟成的時間，讓昆布熬煮的高湯展現出變化萬千的滋味，醇厚、清香、或是淡雅，都有箇中滋味。

透過昆布，搭配味噌，或是醬油，讓味覺的層次更加豐富，這也是日本料理味覺的核心。每間餐廳，甚至尋常百姓家，都會透過不同的調味方式，呈現出自己的味道。土居昆布由於品質精良，將昆布視為是自己的志業，傳承百年的歷史中，以職人之技讓昆布融入飲食文化中。

然而，昆布的味道雖然大家都知道，但其所展現出來的「鮮味」（UMAMI）卻是一種新的科學發現。

飲食中的酸、甜、苦、鹹是我們所熟知的味覺體驗，然而日本化學家池田菊苗在一九〇九年的一篇論文中指出還有一種以往沒有注意到的味道——鮮味。他覺得日本料理使用昆布或是鰹魚所熬煮的高湯，其中的獨特味道就是「UMAMI」，美味的味道。然而，池田的論文以日文發表，並沒有受到其他國家學界的注意，一直到二〇〇二年被翻譯成英文，國際學界才承認鮮味的存在。

不只昆布或是鰹魚熬煮的高湯有鮮味存在，番茄、肉、奶酪當中也有鮮味。長時間熬煮的料理會有鮮味，還有什麼方式會有鮮味呢？風乾和發酵的食物中也會有鮮味，所以日本料理的一些基礎味覺，像是醬油當然也是鮮味的來源之一。

昆布和海帶是否是同一事呢？我們先來看看它們生長的地方，主要在高緯度的海洋中，一般離岸邊一到三公尺的岩礁上。長度從二到六公尺，寬度從二十公分到五十公分都有，有不同品種的昆布。昆布一詞何來呢？《爾雅．釋草》中將較寬的海藻稱為「綸布」，後被稱為「昆布」，「綸」與「昆」都是大的意思，形狀像布，所以名為昆布。但此時雖有昆布之名，卻不是指海帶。從植物學的角度來看，昆布和海帶有些差異，前者是翅藻科下的昆布屬，後者是海帶科下的海帶屬。

辨認名字和追溯來源容易搞迷糊，簡單說來，昆布名字來自中國，但現在的昆布指的是日本產，類似乾燥海帶的東西。昆布在日本料理的發展有很重要的地位，他讓中國風味的食物轉換成日本味，其中的過程和號稱「天下廚房」的大阪很有關係。

天下廚房美味的關鍵

日本料理有個很重要的轉變，就是從大饗料理轉變到本膳料理，其中的關鍵食材是昆布和鰹節。大饗料理承襲中國風，屬於平安朝皇族的料理，大約起源在十五世紀的「本膳料理」則是由日本武士文化所發展出的料理形式。

本來戰國時代武將們互相爭伐，後來天下統一，由於政權的穩固，交通道路的整備，各地方的物產方便交流。從《庭訓往來》可以看到「越後的鹹魚、隱岐的鮑魚、周防

的鯖魚、淀川的鯉魚、備後酒、和泉醋、若狹椎、宰府的栗子、宇賀的昆布、松浦鰯、夷鮭、築紫米」等眼花撩亂的物產等進到將軍和上層階級的餐桌。

「宇賀」的昆布為什麼有名?宇賀位於現在的北海道,從北海道而來的昆布在十四世紀以前就有。然而,由於商業的發達,加上政治社會的穩定,日本海沿岸的商船也穩定進出京都的港口小濱,讓京都人可以嘗到昆布的鮮味。

日本料理中經常吃到的獨特「鮮味」,就是從昆布或是鰹魚中所熬煮出的。中世以前的日本料理雖然有注意到昆布和鰹魚兩種食材,但沒有將之熬煮高湯。由於有了「鮮味」,將軍的餐桌就有了不同的風味。用火烹煮,並且加入湯菜就成為本膳料理的重要味覺和烹調基礎。

味覺仰賴高湯熬煮出的「鮮味」,日文稱作「出汁」(だし),昆布或是鰹節熬煮的高湯是日本料理味覺的基礎,經常見到的蓋物、椀物,或是關東煮和一些調味的醬汁都會加入,讓鮮味提升,並且增加豐富的體驗。

昆布主要產在北海道的海域附近,經常用來「出汁」的有日高昆布、利尻昆布、羅臼昆布和真昆布。每一種的味道都不同，舉例來說，真昆布較厚，風味獨特，熬煮出來的湯品相當鮮甜且甘美，算是昆布當中的極品。有些昆布熬煮過久會讓湯頭混濁，掌握熬煮的時間，了解味覺的濃淡厚薄，是使用昆布的關鍵。

使用昆布的關鍵不在於蓋掉食材本身的味道，而是襯托食材，甚至讓食材本身的味覺更為突出，這些是日本料理發展出本身味覺的關鍵。

由於整個味覺的轉變，讓昆布成為重要的商品，也讓北海道到日本本州的貿易大為熱絡。當時從本州前往北海道的船稱為「北前船」，就是前往北方的意思。江戶時代的商業中心主要在大阪，江戶時代來往的運輸不是靠陸運，而是靠海運。大阪不只是當時的商業中心，也是飲食文化的中心，有「天下廚房」的美譽，最好的食材和調味料都會聚集於此。

隨著船隻技術的發達，「北前」船從北海道將昆布往南運送，經過北路的富山和金澤時是中繼站，然後繼續繞過九州與本州間的下關，經由瀨戶內海到大阪。由於大阪附近的堺是製造日本廚藝刀具的重要地點，為了處理乾燥後的昆布，需要在堺先行加工，才能運到商家販賣，因此，大阪成為食材交流和加工的重要地點。

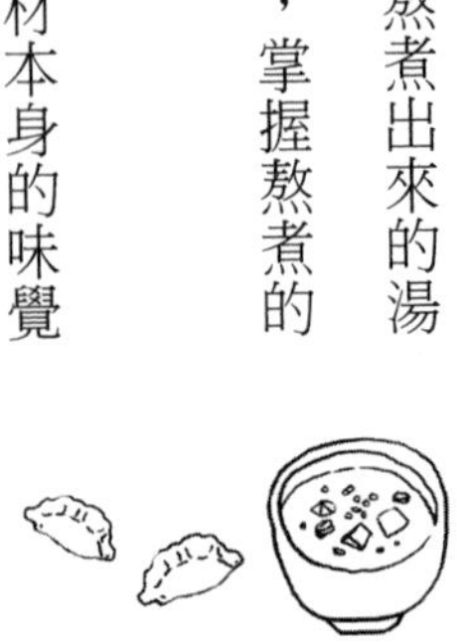

有一年我到日本北陸的富山旅行，很驚訝富山的飯糰不是用海苔包覆，而是用昆布，問了友人，才知道富山是日本昆布消費高的地區，昆布可以做成各式各樣的食品，甚至連西式糕點都可以用昆布。富山剛好在北海道和下關的中點，是以往「北前船」的中繼站，很多富山的商人都因為昆布交易而致富。

昆布的貿易是日本近百年來重要的貿易，不只在日本國內，甚至還紅到中國去，成為日本經濟的重要來源。日本江戶時代雖然鎖國，但跟中國還有荷蘭有所往來，以長崎為通商口岸。當時前往中國的船，除了有魚翅、海參、鮑魚外，最主要的就是昆布。中國內陸的居民往往缺乏鹽分的吸收，將昆布入菜有助於鹽分的攝取。

除了從長崎有大量與中國間的昆布貿易外，琉球也是重要的昆布貿易中心。琉球古時候向中國朝貢，並且獲得貿易的機會。日本的薩摩藩藉透過控制琉球，獨占昆布貿易的好處。薩摩藩先進口大量的昆布，買斷之後再轉手給琉球人，獲得大量的利益，據說後來明治維新的很多資金都是從昆布貿易獲得。

昆布讓日本料理有了獨特的鮮味，成為我們味覺中難以抹滅的記憶，一想到日本料理，就會與昆布連結，那是從自然中提煉的鮮味，是浸潤在食材與湯頭的真滋味。

20

辛辣的日本味：山葵

山葵什麼時候從藥物轉變成生魚片不可或缺的良伴呢？其中的關鍵人物就是德川家康，他從小就喜歡上山葵的滋味。山葵葉的樣子就像是德川家紋上的徽章―蜀葵，所以德川非常珍愛這種植物。

山葵是可以提升食材的鮮味與味蕾敏感度的轉化劑。

伊豆之旅

有一年為了要從海上看富士山，在秋日從靜岡的清水港出發，搭上駿河灣遊船，準備造訪位於伊豆中部的修善寺溫泉及新井旅館。由海上遠望，可以觀富士。富士山的美不僅是一種自然，還帶有一種神聖性，很容易與周邊的山區隔出來。在聯合國教科文組織上將富士山登錄為「信仰的對象」和「藝術的泉源」。

到了伊豆的土肥港，再轉搭公車至修善寺。這裡的溫泉據說與入唐求道的弘法大師空海有關，他在西元九世紀初期路經此地，有感於當地孝子照顧病母的善心，以枯杖在岩石上擊出泉眼。溫泉自此湧出，形成了獨鈷湯溫泉。

當日入宿新井旅館，從明治五年開業至今已經有將近一百五十年的歷史，據說川端康成、芥川龍之介都是這裡的座上嘉賓。這裡的建築以木造為主，有些依川而建，有些則是圍繞著庭園而建，庭園內的池水引進桂川的河水，按照日本水墨畫「南畫」的形式加以修築。造景中的大樹年紀超過一千年，已經算是神木級的老樹，樹下布滿了青苔，點綴著紅葉，鯉魚穿梭於池中，此景有說不盡的風雅。

從飯店出來，在修善寺的溫泉街閒逛的時候，發現這裡有一家小店在賣山葵冰淇淋，還有不少人在排隊。一時興起買了一隻，不是整隻冰淇淋用山葵製成的，而是用湯匙挖一口芥末，然後再挖一口冰淇淋。

甜的冰淇淋與辛辣的山葵一起進入嘴巴的感覺很特別，或許是山葵的辛辣味綜合了冰淇淋的甜味，兩者達到微妙的均衡滋味。後來我在伊豆附近住了幾天，發現山葵是這裡的特產。本來我是因為川端康成《伊豆的舞孃》來拜訪伊豆，沒想到靜岡是日本芥末盛產的地方，乾淨的空氣、清靜的水質都是芥末生產的重要環境。

在修善寺度過幾天後，對於芥末十分好奇，坐上火車前往河津町。一個沒什麼人氣的

小鎮，川端康成在關東大地震之後，離開了廢墟一般的東京，搭火車前往伊豆，常住於伊豆的河津町，後來寫下《伊豆的舞孃》。

從河津再坐公車前往七瀑布站，旁邊滿是山葵田，周邊的餐廳也都是山葵料理。新鮮的山葵有著幽幽的清香，並不刺鼻。我隨意走進了一家山葵料理的餐廳，菜單上沒有太多選擇，山葵澆飯是餐廳的重點，我還點了用山葵製成的燒酒。

服務生拿著比大拇指還大的山葵，要我自己在木板上研磨。新鮮的山葵水分相當豐厚，研磨之後呈現淡綠色。磨完了以後，服務生端上了一碗熱騰騰的白飯，上面有著柴魚片，輕飄飄地飛舞在白飯上，柴魚與白飯的香氣十分迷人。

一般來說，磨山葵的木板是用鯊魚皮製成的，日本人在長久的歷史中知道鯊魚皮的鱗片可以讓山葵中的酶發揮得更好，呈現出清香的氣息，而不是嗆鼻的味道。為什麼山葵一定要現磨，因為磨完十幾分鐘香味就會消失，為了把握那短暫的味覺享受，一定要現磨，才能體驗到新鮮的滋味。

一般在臺灣的平價壽司店，經常會將芥末醬跟醬油一起攪拌，再將壽司沾醬，有些人

新鮮研磨的山葵

喜歡濃厚嗆鼻的受虐感，有些人則是淺沾則止，但比較好的壽司店都不這麼做，師傅都會直接放在壽司中，提升壽司的鮮味。

但是，我們臺灣人搞不大清楚山葵、芥末與辣根，他們之間的差別在哪呢？

山葵、芥末與辣根

一般我們在市面上平價日本料理店，帶有嗆鼻辛辣味的綠色芥末醬其實不是「芥末」，那是另外一種十字花科的植物—辣根，因為真正的山葵並不便宜，而且不是什麼地方都可以種，在日本除了靜岡以外，主要在長野和島根。

很多日本餐廳從美國、紐西蘭和中國進口山

葵，有些為了降低成本，使用辣根所製成的「Wasabi」。辣根是什麼？本來並不產於日本，是明治時代引進日本作為山葵的替代品，辣度比起山葵還要辣上一點五倍。

山葵要在水溫八度到十八度之間的環境，即使在夏季，也最好保持在十六度的溫度種植，一定要維持清涼的環境。然而在清涼環境中生長出來的植物，竟然給人辛辣的感覺，可見植物生命力的強韌。

日本人什麼時候開始食用山葵？

從歷史材料來看，在奈良橿原考古研究所針對飛鳥時期的遺跡——明日香庭園的調查中，發現木條上寫著山葵的名稱，當時是作為藥物使用，和藥用植物一起種植。最早出現「山葵」的名稱也可以在《本草和名》中發現，同樣作為藥材使用。

在日本最早的法律文書《延喜式》中，可以看到山葵作為賦稅加以徵收，主要種植在京都的周邊山上，像是若狹、越前、丹后等地。山葵什麼時候從藥物轉變成生魚片不可或缺的良伴呢？

其中的關鍵人物就是德川家康，遷都江戶的德川家康，本來住在靜岡，應該從小就喜歡上山葵的滋味。山葵葉的樣子就像是德川家紋上的徽章—蜀葵，所以德川非常珍愛這種植物。

由於江戶靠海，本來習慣吃河鮮的日本人開始捕撈大量的海魚，生魚片、握壽司、鰻魚飯都成為江戶庶民的食物。壽司本來是為了保存魚類而發酵的食品，在時代的演進中，江戶時代發展出現在的握壽司。

由於以往沒有冷藏設備，魚類容易腐壞，江戶人吃壽司一定要當天捕撈的，而且使用山葵可以去腥增加鮮味，還可以防止食物的腐敗。本來江戶人使用的山葵一定要是現磨的，但在明治維新之後，日本開始引進現代化的設備，他們從茶葉加工當中獲得啟發，當時將綠茶磨成粉，便將如此的加工方式應用在辣跟，磨成芥末粉。有趣的是後來在一九七○年代開始大量引進外國的番茄醬時，開始發展成我們現在市面上常看到的芥末醬。

山葵是很多食物的良伴，特別是蕎麥麵，日本人經常吃蕎麥麵的時候配上山葵，但千萬不可以將山葵放進蕎麥麵中，而是要將山葵沾點蕎麥，然後略微的沾上湯汁，可以提升

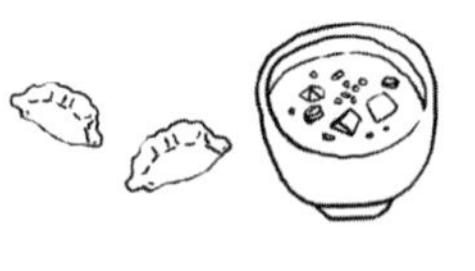

每種味道的鮮美滋味。

如果仔細品嘗日本的味道，可以知道日本人並不大喜歡辣椒的辛辣和椒麻，山葵對於日本食物而言不是調味料，也不是感受嗆鼻的快感，還是回到提升食材鮮味與提升味蕾敏感度的轉化劑。

21

日本料理美味的基礎：味醂

有一年我到千葉縣的流山，一個小城市，在野田市的旁邊。大部分的觀光客很少造訪這兩個城市，但為了我的味覺旅行，我先到了野田，那裡是全世界知名的醬油大廠龜甲萬的發源地。以米飯為主食的日本飲食文化當中，醬油可以說是調味的靈魂。

「江戶四大食」：鰻魚飯、蕎麥麵、天婦羅和握壽司，都需要醬油。鰻魚得浸在以醬油為基底的湯汁燒烤，蕎麥麵、天婦羅和握壽司所沾的醬汁也都以醬油調製而成。除此之外，關東煮也需要醬油、昆布和鰹節所熬煮的高湯。

野田之所以成為龜甲萬的發源地，在於鄰近東京，提供日本料理味覺的基礎。至於隔壁的流山

呢？由於鄰近根川與江戶川的利根運河，加上此處的水質優良，交通相當便利，從江戶時代很多人從事釀造工業。現在的流川市也有很多味噌、醬油的釀造業，但最為重要的就是當地的白味醂。

我在流山市的一間咖啡廳吃到了一種蘋果蛋糕，先將蘋果用味醂浸泡之後，再烘焙成蛋糕，香氣十分清爽，比起原來的蘋果蛋糕更增加了獨特的香氣。除此之外，當地的餐廳也將味醂和紅酒調成醬汁，煎鵝肝的時候作為調味，讓鵝肝展現出不同的風味，而且不會遮蓋鵝肝的好味道，反而能夠襯托。

流山當地為了推廣味醂，家庭主婦們組成了「味醂研究所」，絞盡腦汁想了兩百多種以上的食譜，讓味醂不只可以適合日式料理，還可以與不同文化的料理結合，相得益彰。

至於味醂究竟從何而來，又是如何進入日本家庭，成為日式料理美味的基礎呢？我們先來理解味醂是什麼？

味醂是什麼？

味醂由甜糯米和麴菌所釀成，其中的成分主要是糖和酒。目前在市面上可以買到的味醂，成分大約有百分之十四的酒精和百分之四十的糖度。日本料理或是調味料很喜歡酒精和糖分，可以避免食材在加熱的過程中受到破壞，同時使蛋白質凝固，讓質感變得更加緊緻，免於變形或是煮爛。

天婦羅的天汁中加入味醂是為了增添其甘美的味道；在燒烤蒲燒鰻的醬油中加入味醂則可以增加鰻魚美麗的色澤。如果是蔬菜類的食材，則可以防止蔬菜煮得過爛。味醂與醬油和味噌形成日本料理的基礎，但它更是美味的基礎。日本料理當中重要的煮物也常放味醂，醬油和味醂的比例有些是一比一，讓兩者的味道可以在食材中展現。

另外，日本料理有很多根莖類的食物，像是芋頭、南瓜，大部分都是用燉煮的方式。如果沒有加入味醂，很有可能會糊掉。有了味醂之後，不僅不會爛掉，食材的色澤也會更好看。

一開始味醂不是用來當作調味料，而是作為甜酒。從一五九三年的《駒井日記》記載

「蜜淋」，有時候也寫成「美琳」。江戶時期書籍《守貞漫稿》記載：

在京坂，夏月全飲用夏銘酒柳陰。在江戶稱為本直，是以美醂及燒酎各半混合飲用。本直、柳陰皆為冷卻後飲用。

直接喝燒酌比較辛辣，酒精度也高。日本以往的人將味醂拿來作為調酒，兌燒酌飲用，關西稱作柳陰；江戶稱為本直。

冰冰的甜酒在江戶時代是高級禮品，「蜜淋」這樣的甜酒，是高級酒的兩倍價錢，是米價的三倍，只有貴族和武士等上流階級才會拿來當禮品相互贈送。味醂在什麼時候才成為調味料呢？我們可以從十八世紀末期的《萬寶料理祕密箱》中看到將味醂作為調味料的方式。

我們在十九世紀初期的《料理早指南》這本書中可以看到味醂和醬油、味噌、醋、鹽與鰹節混合調味，跟燒物、蒸物、漬物和煮物的料理一起使用。食材上的利用主要是魚類，牛蒡、蓮藕、和根筋類的次之。

由於德川家康建都江戶，鄰近江戶灣，所以當地的人大量食用海鮮魚類，生魚片、鰻魚飯、天婦羅都和海鮮有關。味醂可以去除魚類的腥味，所以海鮮為主的江戶料理很喜歡使用。然而，江戶時代的味醂還有點貴，不是大家都消費得起。味噌和醬油可以在自己家裡做。但是味醂很難自製。

明治時代之後，鄰近江戶的流山開始製作較為便宜，大家可以消費得起的味醂，庶民們也想嘗嘗以往有錢人的味道，所以在各式各樣的料理當中都加入味醂。

本來不吃牛肉的日本人，在江戶時代為了文明開化，吃起了牛肉鍋。由於日本人怕牛肉的腥味，所以在牛肉鍋中加入了蔥、味噌，也把味醂加入。除此之外，蕎麥麵也是江戶人很喜歡的主食。這些食物都在醬油當中加入味醂，使得江戶料理的味道鹹中帶甜。

即使到現在，味醂的味道在日本料理中還是有種「高級感」，加入了味醂，讓食材沒有腥味、變得美麗，而且增添了獨特的香氣，這也是日本料理美味的基礎。

22 如同母乳一般的食物：味噌

人類離開乳房後吃的第一樣食物是一輩子都不會忘記的。乳房是生命的源頭，所以人類不會忘記母奶的味道。當離開了這個第一條維繫生命之繩索，接下來的第二條繩索也是人類至死都會記得的。而日本人斷了母奶之後大部分都是喝味噌湯，味噌造就了我們日本人世世代代的血肉，所以只有味噌這樣的食物夠資格被稱為是祖先流傳下的血肉。

明治時代的雕刻家朝倉文夫，號稱「東方的羅丹」，除了在藝術成就相當高外，對於味噌與日本人間的關係有很深刻的認識。

我很喜歡到信州旅行，就是現在的長野縣，有知名的休閒勝地輕井澤，還有座大小適當的古城松本。人口剛好，城市的風景也美，在高原上的信州夏日涼爽，很適合慢活旅行。

松本人口雖然不多，但是卻有上百家的味噌廠商，我參加過幾間，印象相當深刻。味噌的「藏」就是儲藏室，巨大的杉木桶達兩公尺，每一桶裡面有四、五千公斤的味噌。

信州的水質好，從北阿爾卑斯山上留下的清淨山泉水為信州味噌美味的基底。由於信州冬天天氣寒冷，釀造味噌和醬菜是當地家家戶戶必備的食物，此地的味噌產量占日本全國的四成，而且屬於米味噌，最受到日本人的歡迎。

用大豆和米渠製成的信州味噌，屬於白味噌，通常會用來製作湯麵的基底。除此之外，我們還常聽到八丁味噌、西京味噌、麥味噌等，事實上日本的味噌有超過上百種，我們先來看看味噌如何走入一般日本人的家庭吧！

從醬到味噌

很多人都將味噌和日本醬油的起源來自中國，但有些學者不認為如此。我們來看看「醬」在中國的發展，還有是否傳播到日本？「醬」字最早出現在周代，在朝廷中，提到有一百多種「醬」，用各種動物、魚類和鳥類所製成，加上鹽加以醃製，放在酒當中半年或一年之久。

「醬」在中國歷史出現就是王室中的珍貴調味品，什麼樣的食物要配合適的醬料，是貴族才能享有的享受。我們也可以在孔子的《論語》當中看到合適的食物要配合相關的醬

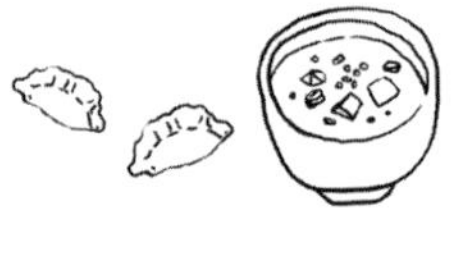

料，不然吃進去就不合禮儀和體制。兩千年前成書的《史記》也提到「醬」，當時指的也是肉類發酵製成的醬汁。

六世紀中重要的飲食典籍《齊民要術》開始將黃豆製成的醬汁稱為「醬」，逐漸地將「醬」與黃豆製成的發酵食品連結在一起。在日文中將「醬」稱為「hishio」，有時也稱作我們現在所說的「miso」，日本第一次出現miso大概是在一千年前。一千多年前的《扶桑略記》中第一次出現「味噌」的寫法。

利用發酵的方法，取得動物和植物當中的蛋白質，是東亞飲食中的重要部分。中國人將魚類、貝類，或是其他動物醃在鹽和米酒當中加以發酵，製成各式各樣的醬料。越南飲食文化中重要的魚露，也是採用魚加以釀製。

雖然很多人都認為中國的「醬」影響了後來日本的味噌和醬油，但我認為日本人只借用了中國的字，裡面的內涵完全不同。「噌」為什麼可以取代中國來的「醬」呢？從當時的文化來看，日本人已經改造了「醬」，用他們喜歡的方式改造了來自中國的味道。

從西元九二七年的《延喜式》中，可以看到一千多年前味噌的製作方式，主要透過黃豆的發酵加以發酵，其中混入米、米麴、小麥、清酒和鹽等材料。雖然不知道具體的製作方式，還有發酵時間，但已經可以看到日本人味噌的基本形式。

而且一千多年前的味噌不只上層階級食用，在當時的首都奈良也出現了味噌的販賣店，一間店販賣數十種的味噌，後來到了十世紀的時候，味噌走入尋常百姓家，成為傳諸民間、隨手可得的味道。

味噌在以往不只製作成湯底，還是食物「香」氣的重要基礎。從《源氏物語》和《今昔物語》等重要的古典文學中，描述著貴族和皇室們宴飲的場景，按照不同的階層，每個人吃的料理不同，其中味噌是很重要的調味料，用味噌醃漬茄子或其他瓜類成為貴族喜歡的菜色。

作為調味料的味噌，從古書中的比喻是一種像夏蟬般響亮的聲音，可以穿透石頭。香氣不僅撲鼻，還能穿透進食物，產生絕佳的風味。

相較於受到中國上層階級文化影響的平安時代，以武士階級為主的鎌倉時代，當時佛學滲入人心，崇尚簡樸的生活方式，讓醃菜和味噌湯所發展出的日本料理形式深入民間。

室町時代由於戰爭依舊頻仍，很多人都缺乏蛋白質和適當的營養，由穀類和豆類所發酵而成的味噌成為救命的食物。領地於信州的武田信玄，在山區取得食物不易，相當依賴味噌所製成的食物，便宜、營養，而且信州寒冷，味噌湯能夠提供溫暖，成為士兵們征戰四方的好良伴。

如果現在到日本鄉間旅行的話，可以發現有種流行很廣的食物稱為「田樂」，在豆腐上面塗上味噌後燒烤。每個地方的味噌風味不同，讓這道食物很能呈現鄉土的特色。味噌烤過之後，香氣撲鼻，不管是庶民或是武士都能接受，成為日本很受歡迎的食物。

由於茶道的流行，當時在飲茶之前，怕空腹喝茶傷胃，提供「一汁三菜」的簡單料理，其中千利休所提倡的「精進料理」，尋求食物的真滋味，發展出很多味噌的烹飪方式，並且更加細緻化、體系化。除了火烤、甜煮以外，增添了很多新的味道，像是花椒和柚子，豐富了味噌的味覺層次。

味噌到底有哪些種類？

法國有一句話，很難有一個政府可以統治三百多種乳酪的國家。乳酪是法國的重要發酵農產品，也是法式美食飲食的重要關鍵。如果這句話應用在日本，也可以說很少人理解日本到底有多少味噌。

我們簡單按照材料加以分類，可以分為豆、米及麥味噌，米味噌的產量最多，占全國的八成，其次則為麥味噌和豆味噌。為什麼米味噌最多呢？來源自日本人對於米的愛好，以往日本一般民眾吃不到白米，要上供給貴族和武士，所以米味噌有種尊貴感，直到米的產量增加後，大家雖然吃得起大米，但還是將米味噌視為是最好的一種。

米味噌在水質好的信州，還有米的質量非常好的北陸和東北地區，當地的鹹米味噌也是相當頂級的味噌。從米味噌的色澤來說，還可以分為紅味噌、白味噌和淡黃味噌。從香味來說，紅味噌的香氣更加濃郁，色澤從深紅到亮紅都有，有些還帶有顆粒，有的則像是花生醬一般滑順，這種濃郁的味噌主要產在東北。

米味噌在東京和江戶分別發展成紅味噌和白味噌，但都帶著甜甜的甘醇味道，為什麼

這兩個日本重要城市的味噌都會是甜的，原因在於以往取得糖不容易，只有貴族才能消費得起糖，西京白味噌指的是京都的甜白味噌，甜而不膩，十分順口，適合用在蔬菜和豆腐上。

西京白味噌的發酵期最短，但製作過程相當繁複，算是較為昂貴的味噌種類，目前以本田和石野製造的為最大宗。由於甜白味噌的風味相當獨特，會讓味覺有豐富香醇的口感。京都相當多的高級料理亭，利用甜白味噌作為調味的基礎，主要用來醃菜，或是加入雜煮，有時還會加入日式甜點。

東京古稱江戶，統一天下的大將軍德川家康十分喜歡西京味噌和我們下面要說的八丁味噌，這些都是以往貴族才能享用的甜味噌，在這兩種味噌的基礎上，創造了江戶味噌。江戶的甜味噌用來煮湯，或者加入紅豆，也會加在鍋類料理，或是豆腐中，讓江戶料理增加了一些甜甜的甘醇味。

簡單說來，日本的北部和東北部以米味噌為主，九州和中國地區則以麥味噌為主。九州地區的麥味噌雖然現在只占日本人食用味噌總量的一成左右，卻是我非常喜愛的味道，質樸、帶有顆粒，鹽分較高。

現在日本大眾喜歡米味噌，但以往麥味噌才是主流，喜歡「古早味」的我，還是喜歡這一味。顏色較深的麥味噌，發酵期比米味噌更長一點，更能吃到時間所留在味噌的痕跡。如果仔細觀察大麥的話，可以看到深色線條貫穿其間，這讓麥味噌有著不同的外表。而且麥味噌一般來說表面有顆粒，在食用的時候，會在舌頭投下一些顏色的殘留，風味也會從其上散發出來，或許現在人不喜歡如此質樸的口感。

現在日本有超過一半以上的麥味噌仍然是天然發酵，一般來說都在冬季製作，因為大麥都在此時收成，加上製作麥味噌的地區水質都相當清澈，冬季的空氣也沒有汙染味噌的微生物。

豆味噌不是用小麥和米製成，只含黃豆，有較多的鹽分，需要較長的熟成時間。在味噌種類中，豆味噌的產量最少，主要在日本的中部地區，尤其以愛知縣的八丁味噌最有名。

現在有很多的品牌名稱都是「八丁味噌」，但只有六百年歷史的早川右衛門和大田這

兩家廠商，才是公認最原汁原味的八丁味噌製造商。從字義來看，「八丁」就是第八個街區的味噌，這兩家現在都是名古屋岡崎同一個街區的味噌店。

八丁味噌為什麼會有名氣？從發展的過程來說，德川家康在遷都江戶之前，本來住在附近，他對於家鄉的味噌相當懷念，想要在江戶推廣，但江戶人還是喜歡甜甜的米味噌，八丁味噌在江戶沒有流行起來。

我有一次到八丁味噌的產區參觀，離岡崎城約一公里左右，進到工廠的時候，巨大的杉木桶，每一座都高達兩公尺，直徑也相當兩公尺，存量超過六千公升，每一座都超過百年的歷史，感覺得到微生物在其中生活了上百年，是一座活的工廠。在發酵當中的味噌有點刺鼻，攻占鼻腔，讓你無法忽視。

杉木桶上羈押著數十塊圓石，紮實積壓著木桶，如此巨大的壓力，可以顯見發酵的力量有多大。八丁味噌是時間與黃豆間的藝術，加入的原料只有黃豆、鹽和少量的水，原料相當簡單，發酵的時間相當的漫長。一般是兩個夏天，要二十四個月才能展現出八丁味噌的風味。但兩年還不是最好的八丁味噌，只有少部分的才能達到風味絕佳的三年味噌。

由於原料簡單，但發酵期長，所以相當醇厚、甘甜、芬芳，日本人認為八丁味噌的口感十分「雅緻」，很多禪詩、作家和達人都深讚八丁味噌的風味，像是具有禪意的畫、意境深遠卻簡短的俳句，是種內斂卻深遠的味道。

在所有味噌當中，八丁味噌的產量只占百分之一到百分之二，以往都是上供給貴族和皇室的食材，皇家深愛八丁味噌的醇厚之味。在民主化之前，八丁味噌有著「宮內省御用達」的封號，即是皇室的專屬供應商，可見其受到重視的程度。

味噌是日本人給世界的禮物

從營養學的角度來說，現在全球的科學家都普遍認識到了味噌的好處，這來自於食物發酵和微生物上的認識。以往日本製麴的人完全不知道為什麼麥、米和豆會在溫暖的麴室中幾天後，表面有一層帶有香味的菌絲，也不知道味噌和醬油背後的科學原理。

本來研究味噌的都是外國人，直到十九世紀末才有日本科學家開始研究味噌。從研究中發現，二十世紀初的時候，日本人每年可以吃掉將近十五公斤的味噌，國產的黃豆中有

一半以上都用來製造味噌，大部分都是自家製的味噌。

第二次世界大戰之後，由於城市化的關係，自製味噌變得比較困難，開始產生機械化。由於要應付大規模的生產，有時天然發酵的味噌不敷使用，加入了不少化學的成分，像是精製食鹽、防腐劑、味精、漂白劑等。

在快速現代化的過程中，很多地方的味噌師傅仍然堅持用以往的方式製作味噌，堅持「古早味」，堅持地方傳統、自然發酵，用傳統的杉木桶，透過時間的淬鍊，凝鍊出味噌本來的真滋味。

除此之外，不少人開始反思自身的飲食傳統。九州出生的新聞記者和小說家三角寬，寫過《味噌大學》一書，他說：

> 對在都市長大的人來說，味噌指的是食品店貨架上陳列販賣用味噌吧！這些販賣用的味噌幾乎都是速成品，其中誇張的可能只花七小時就釀製完成，然後被陳列在貨架上販售……一般大眾不知道真正花時間釀造的味噌是什麼滋味。

就因為處於這樣的時代，味噌大學所提倡的學問正是應該被探求的。

透過文學的筆法，提倡手作味噌還有飲食傳統的重要性。回歸飲食文化傳統的過程中，後來西方人也大力提倡味噌與長壽間的關係。一九六〇年代西方人陷入文化危機，質疑自己的飲食生活，向東方取經，發現了味噌是完全天然的食品，是日本人給世界的禮物。味噌有天然的鹹味，一般人還以為是「重鹹」。但研究發現，如果直接以味噌調味，而不用化學的精鹽調味，可以減少百分之五十的鹽分攝取。

除此之外，由於地球暖化的關係，整個生態環境都產生改變，影響了我們的農作物。富裕國家的人營養過剩，貧窮國家大規模的饑荒造成大量生命的死亡，據統計全球有四分之一的人有飢餓的問題。

在食物供給中最重要的營養成分就是蛋白質，對於成長中的孩子還有受飢的貧民中，如果能提供廉價而易取得的蛋白質就可以解決大規模的饑荒問題。

每一畝土地中黃豆所可以利用的蛋白質勝過其他的農作物，黃豆是味噌的核心，而且

東亞飲食文化中，很大一部分都是用黃豆作為蛋白質的來源。從豆干、醬油、豆腐、豆瓣醬等，提供了很多素食者足夠的蛋白質。

然而，全世界黃豆生產最大的生產國是美國，將近全球的七成。大部分的黃豆都提煉成沙拉油，或是餵養牲畜，作為牛和豬的飼料。如果能將黃豆當中的豐富蛋白質，成為貧窮和飢餓的人的營養來源，可以救活大量的人。

從研究中顯示，味噌可以幫助身體的消化和吸收，由黃豆來的原料，提供豐富的蛋白質，對於素食者是很好的調味料和營養的來源。研究還顯示每天喝味噌湯可以降低癌症、心臟病與肝病的死亡率。

日本人食用上千年的味噌，堪稱與母乳一樣營養且懷念的味道，或許是個解答！

飽餐一頓：邁向世界的日本料理

變動的日本料理

《餃子與味噌》是一本從臺灣出發的味覺旅行，嘗試從異鄉理解飲食的文化，看看別的飲食傳統與我們有什麼不同？可以從日本料理中給予島國臺灣什麼樣的啟示？飲食文化的追尋與考察十分有意思，尋找日本的飲食文化，可以從人與自然的互動，也可以從人和文化的互動。

從中國而來的佛教觀，讓政府下令禁止或限制肉食，成為和食很重要的特徵，日本料理成為以米飯、蔬菜和魚鮮類為主的飲食。從中國而來的貴族飲食文化也一度影響著日本，後來透過日本人的味覺習慣，慢慢改成「本膳料理」，就如同日本人也運用中國而來

的「漢字」，成為自身文明獨特的一部分。

日本料理也是不同文明激盪出來的文化產物。

往往我們說到「傳統」、「歷史」的時候都會以為過去有一個不變的事物存在著，但是，日本的飲食文化並不是不變的，在上千年的歷史過程中，這個太平洋上的島國和周邊文化一直有著密切的交流；從五百年前的大航海時代開始，也開始跟葡萄牙、西班牙和荷蘭人有所交流；到了明治維新，大量地接受西方的文化。

和牛、牛丼、可樂餅、海軍咖哩都是日本和其他異文化交流過程所發明的食物。以往討論明治維新的歷史，經常只把重點放在政治與技術上的革新，討論的範圍大致是明治天皇如何採用西方的政治體制、君主立憲，將日本從幕府的體制走向現代國家；在技術文明上，採用西方工業革命以來的生產技術，將日本帶向工業大國。

政治、技術或是軍事歷史，都相當重要，但是我認為除了這些歷史，我更關注一般人民生活當中的改變，我選擇的角度是飲食文化，認為明治維新也是不同飲食文化的碰撞與影響。

可樂餅、日式咖哩在日本稱之為「洋食」，並非「西洋料理」，兩者的差異在於前者是只有在日本吃得到的西洋料理，是透過西洋人的影響，日本人吸收、轉化西洋的料理而形成的。從中國而來的餃子也是如此，日本人所說的餃子，比較像我們的煎餃，那是與中國人交流的過程而轉化出來的食物。

其實我並不只講些飲食的小故事或是典故而已，我嘗試分析一個概念、一個文化交流過程。

日本料理不變的地方

上千年的飲食文化交流中，日本料理還是有不變的地方。

以往在旅行中或是生活裡，每天要吃的東西成為文化體驗的一部分。一開始在巴黎生活時，有幸品嘗街角的小酒館，也偶爾會到好一點的餐廳用餐；在紐約時，吃過不同的移民食物；在東京則依循城市的歷史紋理，吃點具有「江戶味」的食物。

透過不同文化的體驗，我發現飲食生活是具有慣性的，每個文化會偏好特定的味覺感

受，日本習慣的味噌、昆布、芥末和味醂，還有我曾經在《和食古早味》所寫過的醬油，那是他們習慣的味道，所以在西洋和中國食物和料理傳進日本的時候，透過日本人的味覺轉化成他們習慣的味道與料理。

文化的交流過程中，我認為沒有一方壓倒一方，或是一方被另外一方所吸收的問題。以往我們觀察文化接觸的方法經常使用所謂的「化」（-lization），像是漢化、西化、全球化。

在「化」的歷史中，文化弱勢的一方逐漸消失不見，被強勢的一方所同化。但是，從飲食文化的角度來看，日本人與西方人、中國人接觸之後，他們本來的飲食文化沒有消失。

餃子與味噌，一個是日本料理變的部分；一個是不變的部分，在變與不變之間，兩者你中有我、我中有你，兩個文化的接觸，創造出了第三種不同的文化。

我們在和牛、牛丼、可樂餅、咖哩、餃子，甚至連啤酒這些外來的飲料中，都看到日本料理的文化，他們以自己的味覺、精神和飲食習慣將這些外來的料理轉變成自己的文化，然後再傳播到世界各地，成為流動的「日本味」。

HISTORY 121

餃子與味噌：流動的日本味

作者	胡川安
繪者	栖來光
特約編輯	蔡宜真
校對	胡川安、蔡宜真、胡金倫
美術設計	黃馨儀
內頁排版	黃馨儀
總編輯	胡金倫
董事長	趙政岷
出版者	時報文化出版企業股份有限公司 108019 臺北市和平西路三段 240 號 7 樓 發行專線｜02-2306-6842 讀者服務專線｜0800-231-705｜02-2304-7103 讀者服務傳真｜02-2302-7844 郵撥｜1934-4724 時報文化出版公司 信箱｜10899 台北華江郵政第 99 號信箱
時報悅讀網	www.readingtimes.com.tw
電子郵件信箱	ctliving@readingtimes.com.tw
人文科學線臉書	http://www.facebook.com/humanities.science
法律顧問	理律法律事務所｜陳長文律師、李念祖律師
印刷	家佑印刷有限公司
初版一刷	2023 年 12 月 8 日
定價	新臺幣 450 元

ISBN 978-626-374-525-4｜Printed in Taiwan

餃子與味噌：流動的日本味／胡川安著 .-- 初版 . -- 臺北市：時報文化出版企業股份有限公司, 2023.12｜224 面；14.8×21 公分 . --（History；121）

ISBN 978-626-374-525-4（平裝）

1.CST：飲食風俗 2.CST：文化 3.CST：日本｜538.7831｜112017713

時報文化出版公司成立於一九七五年，並於一九九九年股票上櫃公開發行，於二〇〇八年脫離中時集團非屬旺中，以「尊重智慧與創意的文化事業」為信念。